PATRIOTES

LISEZ ET ROUGISSEZ DE HONTE!

OPINIONS

DES

JOURNAUX FRANÇAIS

ET ÉTRANGERS

SUR

LA QUESTION D'ORIENT,

LE TRAITÉ DU 15 JUILLET — ET LA GUERRE;

DISCOURS DE LA COURONNE,

PIÈCES DIPLOMATIQUES, ETC.;

PAR MM.

CABET, ancien député, ET **DEZAMY**.

[illegible] en livraisons, chacune d'une feuille, à 3 sous.

CHEZ TOUS LES LIBRAIRES.

1840

PATRIOTES, LISEZ ET JUGEZ!

OPINIONS

DES JOURNAUX FRANÇAIS ET ÉTRANGERS,

SUR

la Question d'Orient,

le Traité du 15 Juillet — et la Guerre;

DISCOURS DE LA COURONNE;

PIÈCES DIPLOMATIQUES, ETC.

Vers 1772, la Russie, l'Autriche et la Prusse, déclarèrent leur Protectorat de la Pologne; puis, aidées par la trahison intérieure, elles démembrèrent, partagèrent, dépecèrent cette malheureuse Pologne... Et le vieux Louis XV, voulant obstinément la paix à tout prix, sacrifiant la France à son propre repos, toléra ce criminel partage, qui détruisait l'équilibre européen. Et l'histoire fut unanime pour flétrir l'égoïsme et la lâcheté de ce Monarque qui, aussi mauvais père que mauvais Roi, laissait à Louis XVI une infaillible révolution pour héritage, en disant: *Après moi le déluge!*

Aujourd'hui les trois anciens *Protecteurs de la Pologne*, qu'ils ont partagée, viennent de se coaliser avec l'Angleterre pour déclarer leur *Protectorat de la Turquie*. N'est-ce pas encore pour la partager, pour détruire l'équilibre européen, pour affaiblir, ruiner et démembrer la France elle-même? Le gouvernement français le souffrira-t-il?

Cette question d'Orient est, non seulement sous le rapport *politique* et *humanitaire* mais encore sous le rapport *commercial* et *industriel*, une des plus graves questions qui jamais aient agité le monde.

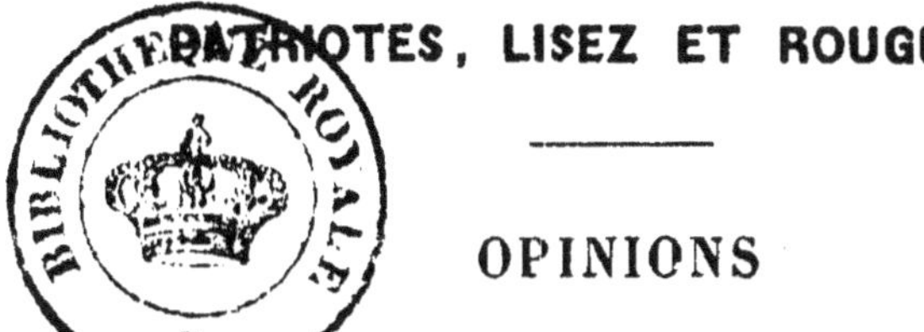

PATRIOTES, LISEZ ET ROUGISSEZ!

OPINIONS

DES JOURNAUX FRANÇAIS ET ÉTRANGERS,

SUR

la Question d'Orient,

le Traité du 15 Juillet — et la Guerre.

Vers 1772, la Russie, l'Autriche et la Prusse, déclarèrent leur Protectorat de la Pologne ; puis, aidées par la trahison intérieure, elles démembrèrent, partagèrent, dépecèrent cette malheureuse Pologne... Et le vieux Louis XV, voulant obstinément la paix à tout prix, sacrifiant la France à son propre repos, toléra ce criminel partage, qui détruisait l'équilibre européen. Et l'histoire fut unanime pour flétrir l'égoïsme et la lâcheté de ce Monarque qui, aussi mauvais père que mauvais Roi, laissait à Louis XVI une infaillible révolution pour héritage, en disant : *Après moi le déluge !*

Aujourd'hui les trois anciens *Protecteurs de la Pologne*, qu'ils ont partagée, viennent de se coaliser avec l'Angleterre pour déclarer leur *Protectorat de la Turquie.* N'est-ce pas encore pour la partager, pour détruire l'équilibre européen, pour affaiblir, ruiner et démembrer la France elle-même ? Le gouvernement français le souffrira-t-il ?

Cette question d'Orient est, non seulement sous le rapport *politique* et *humanitaire* mais encore sous le rapport *commercial* et *industriel*, une des plus graves questions qui jamais aient agité le monde.

Sous le rapport POLITIQUE ET HUMANITAIRE : *Constantinople* a été et peut redevenir la capitale de la Terre. C'est vers cette ville que se dirige, depuis Catherine, toute la politique Russe, la plus persévérante, la plus patiente, et en même temps la plus active, la plus habile peut-être de l'Europe et la plus envahissante ; car, écoutez cette prophétie de Napoléon à Sainte-Hélène :

« Ceux qui ont consenti à l'incorporation de la Pologne avec la Russie seront l'*exécration* de la Postérité, tandis qu'on prononcera mon nom avec *regret*, alors que les belles contrées du Sud de l'Europe seront la proie des barbares du Nord..... Dans quelques années, *la Russie aura Constantinople*, la Turquie et la Grèce : cela me paraît *aussi certain* que si la chose était déjà faite. Toutes les *cajoleries* d'Alexandre envers moi avaient pour but de *m'y faire consentir*. Alors *la Russie sera* MAITRESSE *de l'Europe.* » — « L'Europe sera *Cosaque*, si elle n'est pas *République* ! »

D'un autre côté, tout le monde s'accorde à voir, dans *Méhémet-Ali*, un homme extraordinaire, un homme de génie, le régénérateur de l'Égypte, plus que personne capable de régénérer la nation Turque, de ranimer son enthousiasme, de recomposer l'Empire dans son intégrité, de défendre son indépendance contre la Russie, et de maintenir l'équilibre européen. — L'intérêt de la France était donc évidemment de soutenir Méhémet-Ali, pour empêcher les quatre Protecteurs de la Turquie de se la partager.

Sous le rapport COMMERCIAL et INDUSTRIEL : écoutez ce que disent *la Phalange, la Quotidienne*, et *le Courrier Français* du 2 novembre :

« La *Quotidienne* fait remarquer avec raison que les nouvelles explorations du capitaine Lynch sur l'Euphrate, et la route nouvelle qu'on se proposerait de suivre *entre l'Inde et l'Angleterre*, sont d'une grande importance pour notre pays. Il ne s'agirait de rien moins que de continuer la navigation de l'Euphrate jusqu'à Samsoun, de traverser la *mer Noire*, de remonter le *Danube*, puis de suivre des *chemins de fer jusqu'à Anvers*, Ostende ou *Amsterdam*, où les voyageurs, comme les marchandises, seraient embarqués pour l'Angleterre. Heureusement de grandes difficultés topographiques et politiques seront rencontrées avant que ce projet soit mis à exécution ; mais il n'en est pas moins vrai que, si on parvenait à les surmonter un jour, *la France se trouverait dépouillée* de tous les avantages qu'elle est appelée à retirer de sa position géographique, lorsque le commerce avec l'Asie aura *repris* son ancienne route par la *Méditerranée*. — On avait indiqué, il y a un an environ, comme moyen d'assurer la pacification de l'Orient, l'idée d'ouvrir des négociations entre les cinq Puissances pour *neutraliser l'isthme de Suez*, et pour créer ainsi une grande voie commerciale ouverte à toutes les nations. Il était question en même temps d'établir un *chemin de fer de Marseille au Havre ou à Boulogne*, de sorte qu'avec peu de transbordements et de risques de mer on aurait fait le trajet de Bombay à Londres en *trente ou trente-cinq jours.* »

Ainsi, deux *nouveaux chemins* projetés entre l'Angleterre et les Indes, le Japon et la Chine ; on parle même d'un troisième par la Syrie ; et, de ces deux ou trois chemins, l'un passerait par l'Égypte, la Méditerranée et la France, tandis que les deux autres passeraient par l'Asie Mineure ou par la Syrie, par les Etats de la Russie, de l'Autriche, de la Hollande ou de la Belgique. Les deux derniers, joints à la *ligue de douanes* entre tous les États d'Allemagne, de Prusse et de Hollande, TUERAIENT PRESQUE *l'industrie et le commerce français.*

Que les commerçants et les industriels n'oublient pas que c'est le commerce avec l'Inde qui, après les Croisades, a fait la fortune et la puissance des villes d'Italie, *Pise, Gênes, Venise!* Qu'ils ouvrent les yeux et voient que la Question d'Orient est une question *de vie ou de mort* pour le commerce et l'industrie de la France !

Il est tout naturel que les Aristocraties de Russie, d'Autriche, de Prusse et d'Angleterre, ne défendent pas les intérêts de la France et veuillent au contraire la ruiner pour s'enrichir à ses dépens en s'emparant, pour se les partager, de Constantinople, de la Syrie, même de l'Égypte et du nouveau chemin entre l'Angleterre et l'Asie méridionale et orientale : mais n'est-ce pas, pour le Gouvernement français, le plus sacré des devoirs de défendre les intérêts de la

France et par conséquent de maintenir à Méhémet-Ali *l'Égypte* et *la Syrie?*

Le Gouvernement l'a toujours reconnu et proclamé : il a demandé qu'on laissât même à Méhémet-Ali toutes ses conquêtes, *Candie, l'Arabie*, les *Villes Saintes*, etc. Trois ou quatre fois, surtout après la bataille de *Nezib*, il a, par ses conseils et ses promesses, empêché Méhémet-Ali de marcher sur Constantinople (où le conduisait la victoire et où l'appelait le vœu des Musulmans) en lui garantissant, *sur l'honneur* et sur *la loyauté française*, que la France lui maintiendrait l'Égypte, la Syrie et ses conquêtes. Mais, après cette garantie solennelle, il a souffert qu'une espèce de nouveau *Congrès* des cinq grandes Puissances se formât à Constantinople, et que ce Congrès *intervînt* dans la Question d'Orient pour régler souverainement le sort de la Turquie, de l'Égypte, de la Syrie, etc. Et quand la Russie, l'Autriche, la Prusse et l'Angleterre, ont voulu enlever à Méhémet ses conquêtes et ne lui laisser, avec l'Égypte, qu'une *portion* de la Syrie et même *sans hérédité*, il a reconnu l'iniquité de cette prétention, mais en manifestant l'intention de violer sa garantie et de sacrifier le Pacha, son allié, qu'il avait arrêté et compromis. Cette faiblesse n'a fait qu'enhardir les autres Puissances.

Bientôt un nouveau Congrès s'est ouvert à Londres; et pendant plus de huit mois, les négociations ont traîné en longueur, le Gouvernement français admettant malheureusement le principe de l'intervention, repoussant la spoliation et la violence contre le Pacha, mais protestant toujours de son amour pour la paix.

On ignore les intrigues ou les manœuvres secrètes de quelques membres ou agents du Cabinet français : on ignore également si, comme on l'a dit, la révélation subite faite par la Diplomatie russe à la Diplomatie anglaise de quelques intrigues de la Diplomatie française, a blessé et irrité le Cabinet anglais : mais le fait est que, subitement, brusquement, l'Angleterre a rompu son alliance avec la France et signé, le 15 juillet, un *traité* avec la Russie, l'Autriche et la Prusse, pour aider le Sultan à dépouiller le Pacha de ses conquêtes, même d'une partie de la Syrie en ne lui laissant l'autre partie que viagèrement...

Ainsi, l'Aristocratie britannique brise subitement son alliance avec la France! Elle la brise sans la prévenir, dit-on, sans égard, outrageusement, hostilement! Elle la brise sans parler de la France dans le nouveau traité! Elle la brise pour se coaliser avec sa propre rivale et son ennemie dans l'Inde, à Constantinople et en Pologne! Elle la brise pour se liguer avec les trois anciens ennemis de la Révolution de 1789, de la Révolution du 20 mars, de la Révolution de 1830, et du progrès sur la terre...! Et elle ne communiquera le traité que deux mois après...!

Et un article secret porte que, si la France attaquait l'un des quatre Alliés, les autres le soutiendraient *contre la France*... ! Et qui sait les *autres traités secrets*, les manœuvres secrètes...? N'est-ce pas une nouvelle *Coalition de Pilnitz?*

Pour mettre les Députés et les citoyens en état de résoudre cette question, nous allons placer sous leurs yeux le résultat d'un travail immense, 1° l'analyse du traité et des actes diplomatiques; 2° l'opinion du Gouvernement, de presque tous les journaux français, et des principaux journaux étrangers. Nous avons cherché à donner à notre analyse le plus d'*exactitude* que possible; mais nous ne donnons qu'une *analyse* ou des *extraits*, soit pour éviter la dépense, soit pour que les choses utiles ne soient pas noyées dans les choses inutiles.

Le Sultan n'étant qu'un instrument entre les mains des Coalisés, il écrit d'abord, sous leur dictée, les conditions suivantes qu'impose au Pacha la Coalition :

Arrangement accordé par le Sultan au Pacha. — Le Sultan a l'intention d'accorder et de faire notifier à Méhémet-Ali les conditions de l'arrangement ci-dessous : — 1° Sa Hautesse promet d'accorder à Méhémet-Ali, pour lui et ses *descendants*, l'administration du pachalick *d'Égypte*, et en outre, *sa vie durant*, avec le titre de Pacha d'Acre et le commandement de la forteresse de

Saint-Jean-d'Acre, l'administration de la partie méridionale de la *Syrie*, dont les limites seront déterminées par la ligne suivante.....; — 2° le Sultan retirera son offre si Méhémet n'accepte pas, pour la Syrie dans les dix jours de la notification, et pour l'Égypte dans les vingt jours. — 3° Le Pacha paiera tribut au Sultan. — 4° Il remettra la flotte turque sans indemnité. — Ce projet d'arrangement est approuvé et garanti par les quatre Puissances, comme on va le voir par l'article Ier du Traité ci-après.

Telles sont les conditions imposées au Pacha vainqueur par le Sultan vaincu, ou plutôt par la Coalition, qui veut les dépouiller tous deux.

Traité du 15 juillet, a Londres, *entre la Grande-Bretagne, l'Autriche, la Prusse et la Russie, d'une part, et la Porte Ottomane, de l'autre.* — Le Sultan ayant eu recours aux quatre Puissances pour réclamer leur appui contre Méhémet-Ali, qui menace de porter atteinte à *l'intégrité* de l'Empire Ottoman et à l'indépendance du trône du Sultan, les quatre Puissances, dans l'intérêt de l'affermissement de *la paix de l'Europe*, ont résolu de conclure la *Convention* suivante : — Article Ier. Les quatre Puissances s'engagent à agir dans un parfait accord, et à unir tous leurs efforts pour déterminer Méhémet-Ali à *se conformer à l'arrangement* ci-dessus proposé par le Sultan. — Art. II. Si le Pacha refuse, les Puissances s'engagent à prendre, à la *réquisition* du Sultan, des *mesures* concertées et arrêtées entre elles, afin de *mettre cet arrangement à exécution*. Dans l'intervalle, sur l'invitation actuelle du Sultan, les Puissances s'engagent à interrompre les communications par mer entre l'Égypte et la Syrie.

. . . . . . Le traité sera ratifié dans les deux mois. — Néanmoins, les mesures préliminaires mentionnées en l'article II seront mises *à exécution tout de suite* et sans attendre les ratifications. Il est convenu en outre que le Sultan notifiera *de suite* ses offres d'arrangement. Les Consuls des Puissances en Égypte assisteront l'agent du Sultan dans cette notification.

Tel est le fameux traité, appelé *traité Brunow*, du nom du plénipotentiaire Russe. — Ce traité sera expliqué plus tard par le protocole suivant :

Protocole (17 septembre) : — Les Puissances déclarent qu'elles ne chercheront ni augmentation de territoire ni influence exclusive, ni autres avantages commerciaux que les sujets de toute autre nation ne pourraient pas également obtenir.

Mais on sait ce que valent les Protocoles pour les forts et les vainqueurs! — Deux jours après le traité, lord Palmerston remet à M. Guizot, à Londres, le *Mémorandum* suivant :

1er Mémorandum Palmerston (17 juillet) : — Les Puissances ont vu avec regret que tous leurs efforts pour amener la France à leur but restaient infructueux. . . . .

Mais ce regret a été diminué par les déclarations réitérées du Gouvernement français qu'*il n'avait* RIEN A OBJECTER *contre l'arrangement que les quatre Puissances cherchent à faire adopter à Mehémet-Ali, si Mehémet-Ali y consent; que, dans* AUCUN CAS, *la France* NE S'OPPOSERAIT *aux mesures que les quatre Puissances, d'accord avec le Sultan, jugeraient nécessaires* pour obtenir le consentement du Pacha; et que le seul motif qui empêchait la France de s'associer aux autres Puissances était dicté par des intérêts de divers genres, qui rendaient impossible au Gouvernement français de *prendre part aux mesures coërcitives* contre Méhémet-Ali. . . . . . — Les quatre Puissances ne pourraient-elles pas espérer, et *même exiger de l'amitié* du Gouvernement français, qu'il emploie son influence auprès de Méhémet-Ali, et qu'il l'engage à accepter les conditions de l'arrangement?

Si Palmerston disait vrai, M. Thiers, ou M. Guizot, ou quelque autre, aurait consenti au sacrifice du Pacha! — M. Guizot, qui répond le 24, semble en effet ne désapprouver que faiblement, et seulement à cause des moyens d'exécution.

Mémorandum Guizot (24 juillet) : — Toutes les objections se réduisent à ceci : Vos *moyens d'exécution*, par l'insurrection ou par la force, ne sont pas avouables, sont insuffisants et dangereux.

Quelle tiédeur dans M. Guizot! Mais quel débordement d'indignation dans le Gouvernement et dans les Journaux! Écoutez!

Remarquons d'abord que la *Revue des deux Mondes*, *le Constitutionnel*, *le Temps*, *le Siècle*, *le Courrier Français*, sont dévoués à M. Thiers, *le Messager* aux Ministères, les *Débats* au Château, et *la Presse* à la Cour.—Ecoutons maintenant les *Débats*, organe du Château :

DEBATS (29 juillet) : — La nouvelle, aujourd'hui certaine, du traité arrêté à Londres entre les représentants des quatre puissances au sujet des affaires d'Orient nous afflige : elle ne nous décourage pas. « Nous croyons la France, même dans son isolement, assez forte de son bon droit, de sa population belliqueuse, de ses ressources matérielles, pour entrer, s'il le faut, dans la lutte avec avantage. »...... Car il ne faut pas s'y tromper : si la guerre commence, elle sera terrible ; la France, qui ne l'a pas provoquée, qui a fait pour la prévenir tout ce que son honneur lui permettait de faire, s'y jettera tout entière. Plus la France a donné de preuves de sa modération, de sa loyauté, de son désir de ne pas troubler le monde, plus l'*offense* qu'on lui fait lui *blessera le cœur*. » A ce jeu terrible des batailles, ce n'est pas nous qui avons le plus de risques à courir. Nous n'avons pas à maintenir sous notre obéissance des provinces « conquises et ne portant le joug qu'à regret ; nous n'avons pas une Irlande attachée à nos flancs..... Nous avons des hommes et de l'argent pour la guerre la plus longue et la plus difficile. » Insensés les gouvernements qui porteront la première atteinte à une paix que nous seuls nous aurions le droit de trouver *dure*, puisque nous sommes les seuls qu'elle ait *dépouillés* !

..... Dans un partage de l'Empire Ottoman, le lot de la Russie est marqué d'avance : c'est *Constantinople*. Quelle compensation espère-t-on à Vienne et à Berlin ? Le prétexte du traité est le maintien de l'Empire ottoman dans son intégrité ; mais qui ne voit que *la destruction* de cet Empire en est *le but* ? On met en avant la nécessité de réprimer l'ambition du pacha d'Égypte et de faire rentrer un vassal dans son devoir ; mais qui ne comprend qu'on veut ruiner dans le vassal le dernier appui du maître, et dans l'Egypte, la partie encore entière et vivante de cette Turquie que l'on convoite ? L'intégrité de l'Empire ottoman, c'est nous qui la défendons de bonne foi, en nous opposant à la ruine de l'Égypte. Si la Porte ne cède pas la Syrie à Méhémet-Ali, elle cèdera aux Russes le Bosphore et Constantinople. C'est le chemin de cette capitale que la Russie veut s'ouvrir à tout prix.....

Mais l'Angleterre, l'Angleterre rivale avouée de la puissance russe, n'est-elle pas complice de cette indigne et fatale machination ? L'Angleterre, notre alliée, n'a-t-elle pas signé, à notre insu, ce traité qui *renverse l'équilibre* de l'Europe? N'est-ce pas elle qui offre aux Russes les clefs de Constantinople? Qu'est devenue l'alliance anglaise, cette alliance sur laquelle nous avons toujours dit que reposait la paix du monde? n'est-elle pas brisée?

...... Il est vrai qu'au moment même où l'on nous prodiguait de mensongères protestations d'amitié, on traitait sans nous, contre nous, avec une *insolence* que la France *ne supportera pas*, son *honneur le lui défend*, si l'Angleterre ne désavoue pas son cabinet. Lord Palmerston est *l'ennemi de la France*! Soyons prêts à tout, même à la guerre. La France a épuisé la mesure des sacrifices qu'elle pouvait faire avec honneur à la paix. Ce qu'on exigerait d'elle aujourd'hui ne serait pas autre chose que le *sacrifice de sa grandeur, de sa sûreté, de son indépendance*...... D'un jour à l'autre, la France peut être appelée à déployer tout ce qu'elle a de forces pour *garder dans le monde la place qui lui appartient* et qu'on lui dispute.

Est-il possible de mieux prouver la nécessité de la guerre? N'est-ce pas provoquer la Nation entière à crier la guerre! la guerre! — Écoutons encore les *Débats*.

DÉBATS (30 juillet) : — ...... En 1830, nous savions que les passions démagogiques avec lesquelles nous acceptions noblement la lutte, se transformeraient en passions nationales et s'épureraient en traversant la frontière. Mais nous n'avons pas pensé que nous eussions le droit d'acheter notre repos au prix du repos de l'Europe, et nous avons déposé la plus puissante des armes françaises, *la propagande*. Qui oserait dire que ce fût là de la faiblesse? Nous avons généreusement refoulé sur nous-mêmes la flamme qui aurait pu embraser l'Europe; on sait à quel prix! Mais ces pénibles batailles qui ont désolé nos cités, pourquoi les avons-nous livrées, sinon pour les principes éternels de la justice et de la morale? pour qui, sinon *pour vous*, pour vous qui prétendez aujourd'hui compter sans nous......

DÉBATS (31 juillet) : — ...... S'il devenait nécessaire d'aller plus loin et de mettre la France sur le pied complet de guerre, les Chambres seraient immédiatement convoquées......

La France *ne reculera pas*. Nous le disons sans prendre des airs de matamore, qui conviennent mal à la vraie fermeté, sans nous faire illusion sur les dangers d'une guerre dans laquelle la France serait seule à soutenir la liberté de l'Europe; nous le disons de sang-froid et avec une profonde conviction : ***la France ne peut pas reculer.*** Elle ne le peut pas, parce que ce serait se laisser mettre au rang des Puissances *de second ordre*. Ce mot dit tout. Oui, si la France restait ***spectatrice impassible*** de l'exécution d'un traité qui, sous prétexte de conserver l'intégrité de l'empire ottoman, entraîne fatalement la dissolution de cet empire et son partage ; si elle pouvait souffrir qu'on la mît hors de la question d'Orient, au lieu de cinq grandes Puissances, ***il n'y en aurait plus que quatre en Europe.*** L'habitude serait prise de traiter sans nous et de se passer de notre consentement pour arranger les affaires du monde. Supposez que le traité de Londres eût été signé à Paris entre la France et la Russie, au lieu de l'être entre la Russie et l'Angleterre : l'Angleterre supporterait-elle cet affront ? Se laisserait-elle réduire à la neutralité ? ***Ne risquerait-elle pas toute sa puissance,*** et jusqu'à son ***dernier vaisseau*** plutôt que de permettre qu'une flotte française et une armée russe se chargeassent sans elle de maintenir l'intégrité de l'empire ottoman en mettant garnison à Alexandrie et à Constantinople ? Ce que l'Angleterre ne supporterait pas, devons-nous donc le supporter ? La France ne cherche pas la guerre, mais ***elle l'acceptera, si terrible qu'elle puisse être,*** avec toutes ses conséquences, plutôt que de ***se laisser rayer*** du nombre des Puissances avec lesquelles on compte. Jamais cause n'aura été plus légitime que la nôtre. . . . . .

La France ***ne peut donc pas reculer,*** nous le répétons ; et pour qu'on sache bien que sa décision est irrévocable, il est nécessaire qu'elle ***se prépare immédiatement à la guerre.*** Le gouvernement arme ; il a raison. . . . . .

Le traité de Londres n'est pas autre chose que la remise faite aux Russes par lord Palmerston des clefs de Constantinople. C'est un traité ***de partage*** déguisé ; c'est la fin de ce ***statu quo*** que depuis dix ans l'Angleterre et la France ont réussi à maintenir. . . . . .

La France, s'il le faut, défendra seule l'indépendance de l'Europe ; pour cette cause, qui est celle de la civilisation contre la barbarie, de la liberté contre le despotisme, nous épuiserons jusqu'à la dernière goutte de notre sang. . . . . .

N'est-ce pas enflammer les sentiments belliqueux ?

DÉBATS (2 août). — Les trois ordonnances royales que vient de publier *le Moniteur* ont pour but d'ajouter à l'effectif de notre marine 10,000 matelots, 5 vaisseaux, 15 frégates et 9 bateaux à vapeur, et d'augmenter l'effectif de l'armée d'environ 150,000 hommes pris sur les classes de 1836 et de 1839.

Ces mesures sont bonnes et dictées par une sage politique; c'est une démonstration ferme et prudente tout à la fois; et nous n'hésitons pas à donner au gouvernement une complète approbation.

Les négociations et les événements ultérieurs peuvent seuls donner à cette politique sa véritable signification. Aujourd'hui la France obéit aux plus impérieuses prescriptions *du point d'honneur*, au plus légitime sentiment de *conservation*. Quel que soit l'avenir de l'étrange système de quadruple alliance essayé par la vanité de lord Palmerston, qu'il soit ou ne soit pas ratifié, qu'il soit ou ne soit pas exécuté, le gouvernement français devait *une énergique réponse* à ce traité de Londres, qui lui apparaît avec tous les caractères d'une *provocation*. Le maintien de la paix dépend encore de la sagesse du parlement anglais et de la prudence traditionnelle du cabinet de Vienne; c'est dire que la paix a beaucoup plus de chances que la guerre. Mais en attendant le jour des explications, il y a une *menace contre la France;* c'est le traité de Londres. . . . . . »

N'est-ce pas encore déclarer que la guerre est indispensable si le Parlement anglais et le Cabinet autrichien ne rétractent pas le traité ?

DÉBATS (4 août) : — ...... Le Pacha a pour lui le fait et le droit; il a quelque chose de plus, il a pour garants l'honneur et la loyauté de la France, qui, par deux fois, en 1833 et en 1839, s'est interposée seule entre la Turquie et l'Égypte, a préservé Constantinople d'une double invasion, et épargné à l'Europe une guerre générale......

Mais l'isolement est pour la France une *menace* qui lui impose l'obligation d'être prête pour toutes les éventualités, d'être *prête tous les jours et à toute heure.* C'est pour elle un devoir impérieux, irrésistible, c'est un de ces actes qui ne se discutent pas; c'est une de ces démonstrations qui répondent au *plus noble*, *au plus généreux* sentiment des Peuples, à ce sentiment qui entraîne les plus grands esprits et les plus fiers courages, à l'instinct national. Les Ministres français s'honorent à juste titre de leur conduite dans ces derniers jours. Ils ont fait leur devoir; ils ont fait ce que devaient faire des hommes qui gouvernent la France. Il n'y a dans les mesures du gouvernement ni démonstration menaçante, ni vaine fanfaronnade; il y a un sentiment vrai, profond, énergique, de la situation. C'est la politique de l'isolement dans toute sa franchise et ses impérieuses conséquences.....

Ainsi, le plus noble et le plus généreux sentiment des Peuples, les plus grands esprits, les plus fiers courages, l'instinct national, se réunissent pour crier : la guerre, la guerre ! — Ecoutez maintenant le journal de la Cour, *la Presse !*

LA PRESSE (3 août) : — Nous croyons bien fermement que *l'Angleterre laisserait déloger les Turcs de Constantinople*, pourvu qu'elle *s'inféodât l'Egypte et la Syrie*. Cela n'est peut être pas entré jusqu'ici dans la tête de notre grand Ministre des affaires étrangères ; mais nous croyons savoir que cela ne fait pas doute chez les hommes d'État d'Angleterre, whigs et torys......

Pour *la Presse*, c'est bien aussi la guerre ! — C'est aussi la guerre pour le journal des Ministères, *le Messager !*

MESSAGER (2 août) : — ...... Depuis *les hautes sphères du Pouvoir* jusqu'aux *derniers confins des classes populaires*, un *sentiment puissant de réaction* s'est manifesté contre *l'apparence même* des façons équivoques qu'on essayait de prendre avec nous, tout en les désavouant ; l'anniversaire de juillet a été une occasion plus marquée encore de réaliser une *généreuse protestation* de notre nationalité blessée ; et nous apprenons que, de toutes parts, dans les départements comme on l'a vu dans la capitale, un *admirable élan* court au devant des sacrifices que la gravité de la situation pourrait exiger. La JUSTICE *d'une cause* peut se connaître à cette *ardente exaltation* qui se produit pour sa défense, et la conscience publique peut tranquillement envisager l'avenir en présence d'un *instinct si général* du parti qui vient d'être pris.

Et quand le journal des Ministères excite ainsi l'*admirable élan* vers la guerre, depuis les *hautes sphères* du Pouvoir jusqu'aux *derniers confins des classes populaires*, le même Pouvoir pourrait punir et proscrire ces élans unanimes de patriotisme !

MESSAGER (5 août) : — Il est des faits d'une telle nature que, pour s'édifier sur leur vérité, il suffit d'interroger la probabilité et la vraisemblance.

Ainsi, qu'on vienne nous affirmer qu'une grande Nation peut être ouvertement *blessée dans sa dignité* sans que SON SOUVERAIN *s'associe* au sentiment public réagissant contre cette injure ; nous dirons que cela ne peut pas être, et partant que *cela n'est pas.* — Qu'on vienne encore nous dire qu'au moment où *un admirable élan* se révèle dans une population pour défendre une cause juste et nationale, une *haute prérogative* s'interpose pour *arrêter cet élan* patriotique et en *altérer la portée*, nous dirons que cela ne peut pas être, et partant que *cela n'est pas.* Certes ce serait un étrange malheur si, au nom des qualités de gouvernement qu'on a montrées, on pouvait être accusé de tomber dans leur excès contraire, et de les pratiquer à outrance et sans discernement des circonstances et des époques. Singulière logique ! Parce qu'une *intelligence supérieure* aurait compris que le bienfait de la paix ne devait pas être sacrifié à des nécessités problématiques, ou à des inspirations plus généreuses que réfléchies, il faudrait la croire *inféodée à perpétuité à un système*, et supposer qu'elle ne saura pas reconnaître le moment où *les exigences de l'honneur national* réclament une autre attitude et d'autres déterminations. Nous avons dit dès le premier jour où la rumeur d'une atteinte portée à notre considération et à notre droit s'est répandue, qu'une *imposante unanimité d'adhésion* s'est ralliée aux mesures qui avaient dû être prises, et en cette occasion nous n'avons pas entendu parler d'une unanimité relative, mais d'une *unanimité ardente et absolue* qui n'admet, dans cette sorte de *levée en masse de la volonté nationale*, ni une seule *hésitation*, ni un seul *dissentiment.*

Ainsi, d'après le *Messager*, c'est le *Souverain*, c'est une *haute prérogative*, c'est une *intelligence supérieure* (qui ne veut pas *s'inféoder* à perpétuité au système de la paix à tout prix), c'est une *unanimité ardente et absolue* dans le gouvernement, c'est une *levée en masse de la volonté nationale*, qui crient : la guerre, la guerre ! Et l'on proscrirait ensuite ce cri !

Écoutez maintenant les journaux de M. Thiers, d'abord le *Temps.*

TEMPS (28 juillet) : — . . . . . . Comme l'esprit qui a dicté le traité est un esprit d'*hostilité* contre nous, il faut examiner si les quatre Puissances signataires sont bien en mesure de nous traiter avec le *dédain* qu'elles ont affecté dans cette circonstance. . . . . .

. . . . . L'on médite dans l'ombre un traité d'où dépend la paix de l'Europe ; l'on entretient dans une erreur calculée notre diplomatie, qui cependant n'a pas été prise au dépourvu ; et on lui communique un arrangement auquel on ne l'a pas mis en demeure de concourir, comme si la France était *effacée de la carte* du monde. Eh bien! il y a dans cette conduite autant de folie et d'imprévoyance que de *malveillance et d'injustice*. Il peut plaire à la Russie de *reconstituer la Sainte-Alliance*; il peut convenir à l'Autriche et à la Prusse de suivre la Russie comme ses *satellites*, et l'Angleterre peut se laisser séduire par la flatterie, égarer par la passion...... L'Europe est bien faible contre nous. Elle peut essayer de jouer avec nous le terrible *jeu de la guerre* : nous jouerons avec elle le formidable *jeu des révolutions*. Que si l'on nous pousse à promener de nouveau le drapeau tricolore de capitale en capitale, nous ne le ferons plus cette fois pour accumuler contre nous les représailles et l'esprit d'indépendance des Peuples, mais bien plutôt pour favoriser leur affranchissement, et nous assurer par là leur concours et leur alliance. Aux Gouvernements seuls s'attaqueront nos armes; aux Nations s'ouvriront nos bras et nos cœurs...... Il faut établir une distinction entre le Peuple anglais et son Gouvernement. L'alliance Anglo-française, nous l'avons dit vingt fois, est indissoluble de Peuple à Peuple; elle survivra aux Ministères qui passent, aux règnes qui se succèdent : ce n'est donc pas à la Nation anglaise que nous devons nous en prendre du manque de foi et de bienveillance qu'accuse si hautement *l'inique convention* de Londres : aussi cette convention est-elle à nos yeux comme nulle et non avenue......

Ainsi c'est la Coalition, c'est la Sainte-Alliance, c'est la guerre!

Écoutez deux articles écrits sous l'inspiration de M. Thiers!

REVUE DES DEUX MONDES (1er août) : — La France s'intéresse à Méhémet, disait lord Palmerston; elle ne veut pas agir contre lui : mais elle *laissera faire*; elle fera entendre quelques plaintes, elle nous enverra une note. Avant que ces communications soient accomplies, que les explications soient données, l'affaire *sera, terminée* et tout sera dit. C'est ainsi que les choses se sont passées lors des affaires de *Modène*, de *Bologne*, de *Francfort*.....

Le noble lord nous croit inféodés au système de la paix... *Les bras de la France sont longs*, et le jour où, malgré son amour du travail et du repos, on la forcerait à accepter la lutte, ce jour-là elle saurait fermer les ateliers de la paix pour *ouvrir les ateliers de la guerre ;* ce jour-là, il n'y aurait plus en France ni opinions diverses, ni discussions, ni parti ; ce jour-là, qu'on le sache, ***la France unanime prendra ses points d'appui partout.***

REVUE DES DEUX MONDES (15 août) : — ...... Les nouveaux Alliés ont imaginé que la France se bornerait humblement au rôle de spectatrice ; qu'elle laisserait écrire dans l'histoire du XIXe siècle ces paroles : La France, après les guerres de la Révolution et de l'Empire, et un repos de vingt-cinq ans, vit l'Angleterre, la Russie, la Prusse et l'Autriche, régler seules les affaires de l'Orient, et se contenta de leur dire que c'étaient des façons peu courtoises ......

Il méconnaîtrait complétement la France celui qui penserait qu'elle se résignera à un rôle subalterne et indigne d'elle. Disons plus : quels que fussent les hommes assis au pouvoir, *nulle force humaine ne pourrait les y maintenir*, le jour où ils faibliraient sous le poids de cette mission nationale, le jour où la Couronne ne trouverait pas en eux un conseil et un instrument proportionnés à la grandeur des événements.......

C'est bien la guerre ! — Mais écoutez M. Thiers écrivant, dit-on, lui-même.

REVUE DES DEUX MONDES (15 août) : — Jamais la proposition de céder l'Égypte *héréditairement*, la Syrie *viagèrement*, n'a été faite ; jamais le cabinet français n'a eu à la refuser......

Une chose fort grave : l'Angleterre, après dix années d'alliance, quitte la France pour la Russie, et s'en va tenter de résoudre, avec les adversaires plus ou mois avoués de la France et même de l'Angleterre, *la plus grande question du temps*. — La France est exclue d'une question qui comprend tous les intérêts de la Méditerranée à la fois ; elle en est exclue quand l'Autriche, qui a Trieste dans cette mer, quand la Prusse, qui n'y a rien, sont appelées à la traiter ! — La France, en outre, se trouve seule en présence des Puissances du Nord, toujours au fond *ennemies de sa Révolution ;* et elle n'a plus avec elle l'Angleterre pour conjurer leur mauvais vouloir. Qu'a dû faire la France dans cette position ? Que doit-elle faire encore ? S'agit-il de menacer, de faire du bruit, d'agiter les esprits, en un mot de tenir la conduite des faux braves ? Non. La France doit se souvenir que, même étant seule, elle a tenu tête à l'Europe ; elle doit se rappeler que, même étant seule, elle peut défendre *sa Révolution*, si c'est sa Révolution qu'on me-

nace, ou *ses intérêts*, si c'est à ses intérêts qu'on en veut dans la Méditerranée; elle doit se mettre en mesure sans bruit et sans jactance.

Tout le monde lui dit : mais nous ne voulons pas la guerre. Soit; si vous ne la voulez pas, ne faites pas ce qui pourrait l'amener.

La France doit armer sans ostentation, mais avec une volonté efficace; puis, comme l'on dit, elle *verra venir*. C'est aux Puissances à voir ce qu'il faut penser de tout cela, et à se demander si, s'étant trompées sur les premières conséquences, elles ne pourraient pas se tromper sur les dernières.

Ainsi, c'est M. Thiers (celui que tout-à-l'heure on transformait en dictateur, en génie, presque en Dieu) qui le proclame, la question d'Orient est *la plus grande question du temps*; c'est une Coalition *ennemie de la Révolution* qui vient de faire le traité; c'est la guerre! — Écoutez le *Constitutionnel*!

CONSTITUTIONNEL (27 et 28 juillet) : — ...... Si l'Angleterre était réellement intéressée à traiter la Porte et l'Egypte comme les Congrès de Leybach et de Vérone ont traité l'Espagne, le Piémont, Naples, le premier, le plus impérieux devoir de la France serait de *rompre* sur-le-champ avec le Gouvernement anglais......

Voilà donc la France *isolée* : cela est grave, mais cela l'est pour tout le monde. Ce n'est pas la France que cet événement doit le plus inquiéter. Elle est restée inviolablement attachée à la politique de Neutralité, c'est-à-dire de la Paix. Les quatre Puissances rendent, autant qu'elles le peuvent, tout arrangement *impossible*. Elles prétendent retirer au Pacha les trois quarts de la Syrie, et lui donnent moins que Mamouth ne lui donnait avant la bataille de Nezib. Ces propositions sont *dérisoires*. Si Méhémet ne les accepte pas, s'il prend l'offensive contre le Sultan, la responsabilité de cette œuvre et de ses conséquences retombera sur ceux qui l'auront poussé à ces extrémités, bien funestes à l'équilibre de l'Europe. La France doit prévoir dès à présent ces grandes éventualités; elle ne verrait pas de sang-froid une main sur l'Empire turc. Toute seule qu'elle est, elle a une puissanee immense, une puissance matérielle et morale. Sa puissance matérielle, elle consiste dans une population admirable par une unanimité compacte, par sa passion pour la gloire des armes, pour la grandeur appuyée de la justice; elle consiste dans les plus belles finances du monde, dans les 200 millions de la réserve accumulés à la Banque, dans les 90 millions de son amortissement, dans les 150 millions distribués par le budget aux travaux de la paix et dont on peut appliquer les deux tiers aux besoins de la guerre, dans 2 milliards de forêts royales dont l'aliénation bien ménagée peut fournir 200 millions par an, dans les 300 millions que son budget alloue aux dépenses actuelles du département de la Guerre. Sans emprunt et même sans aliénation de bois, la France aurait aujourd'hui 6 à 700 millions pour tenir tête à ses ennemis. — Elle a de plus sa puissance morale. Cette puissance réside dans la *sympathie et l'approbation des Peuples*; mais pour que la France méritât cette approbation, il fallait qu'elle ne mît aucun tort de son côté : c'est ce qu'elle a fait. Forte de ses ressources et de l'opinion publique, la France n'a rien à craindre de son isolement. Mais, dès ce moment même, le Gouvernement a des *précautions* à prendre; nous sommes *très certains qu'il les prendra*. Quelles que puissent être les conséquences d'une conduite *énergique* dans ses moyens, mais juste dans sa cause, *il ne souffrira jamais* pour la France aucune perte d'intérêt ou d'honneur.

CONSTITUTIONNEL (1er août) : —...... Ainsi, il est certain que l'opiniâtre conduite d'un Ministre aveugle (Palmerston) rendait la *rupture inévitable;* aucun Ministère français n'aurait pu se dérober à cet événement......

Il faut le reconnaître, il y avait en France deux politiques : une pour les alliances, et celle de l'isolement. Dans les deux politiques la France a une grande force. Avec la politique des alliances, elle agit diplomatiquement; elle a au moins deux voix pour elle dans toute conférence européenne; elle amène naturellement les Puissances à transiger. Avec la politique d'isolement, elle a aussi une grande puissance; mais cette puissance est redoutable. Son moyen : c'est la *Force*. Si les Cabinets qui agissent en dehors d'elle veulent prendre une détermination qui attaque ses intérêts ou son honneur, elle ne peut en suspendre l'exécution qu'en faisant briller aux yeux de ses adversaires les *armes terribles* dont elle dispose, sa *belliqueuse Population* et ses *principes*. — M. Thiers, il y a sept mois, exposait que la France tenait dans sa main les deux politiques; il s'est naturellement prononcé pour celle des alliances; aujourd'hui il prend avec une énergique activité les mesures que sa dignité lui commande, et, quoi qu'il arrive, il sera *prêt à faire face à tous les événements*.

CONSTITUTIONNEL (5 août) : — ...... La force de la France dans cette lutte, ce ne sont pas seulement ses Armées, c'est encore la *sympathie des Peuples*. Dire que la France a non seulement pour elle ses soldats mais ses *principes*, ce n'est pas une menace, c'est un fait connu du Monde entier. Ne nous serait-il pas permis de rappeler à nos voisins que M. Canning se représentait du haut de la tribune comme pouvant ouvrir l'antre d'Éole, et qu'il menaçait les Gouvernements de pouvoir déchaîner sur eux les tempêtes? Nous ne faisons pas comme M. Canning, quoique nous fussions plus en droit que lui de le faire ; car la clef de cet antre des tempêtes, elle n'est pas dans la main de l'Angleterre, et elle pourrait être dans celle de la France ; car la situation dans laquelle parlait M. Canning ne comportait pas cette politique formidable ; et il est telle situation dans laquelle on placerait la France qui la comporterait......

C'est bien toujours la guerre pour le *Constitutionnel*, quoiqu'il ait la faiblesse de dire ensuite :

Palmerston s'est expliqué. S'il reste encore quelques nuages, ses intentions sont *excellentes* ; il *regrette* les malentendus entre les deux pays.

Le *Courrier Français* dit, au contraire, que le Peuple anglais accuse Palmerston de *trahir* l'Angleterre, et d'avoir *vendu* Constantinople à la Russie. — Pour le *Courrier*, c'est aussi la guerre.

COURRIER FRANÇAIS (2 août) : — Le traité de Londres a reconstitué sur des bases fragiles, il est vrai, et moins sur des principes que sur des intérêts, la *Sainte-Alliance de* 1815. — Aujourd'hui comme alors, la France est exclue ; c'est à elle que l'on en veut, *sous d'autres noms*. La France doit armer et veiller. C'est aux Puissances à ne pas la mettre dans la nécessité d'aller au-delà. Nous serons fermes : que les autres soient prudents !

COURRIER FRANÇAIS (5 août) : — Quand lord Palmerston conduirait par la main les Russes à Constantinople, l'occupation des rivages du Bosphore par une armée Moscovite serait-elle un danger auquel l'Europe pût s'habituer ? Nous n'hésitons pas à dire que les Russes à Constantinople, *c'est la guerre*, c'est la *guerre à outrance* ; comme l'écrivait aujourd'hui un ancien Président de la Chambre

des députés. L'opinion de lord Palmerston peut différer de la nôtre sur ce point ; mais que l'on y prenne garde ; car la nécessité le veut : une armée Russe à Constantinople amènerait infailliblement une armée Française sur le Rhin. . . . . .

Écoutez maintenant le *Siècle :*

SIÈCLE (26 et 28 juillet) : — Cette convention, s'il est vrai qu'elle ait été signée à l'insu de la France, est un *outrage* à notre Gouvernement. . . . . . Qu'on ne se hâte point de parler au nom de la France, d'une attitude passive : il se peut qu'une *action prompte, énergique*, *serve* mieux les intérêts qu'on doit protéger ; et la France, à bout de générosité, lasse de déceptions, forte de son droit, *ne reculera* certainement devant aucune des nécessités qui pourront lui apparaître dans la lutte dont une imprudente *provocation* donne le signal. — Il y a des traités que la France a pu subir au jour de ses désastres, lorsque, épuisée et sanglante, elle avait à se défendre à l'intérieur contre des traîtres, au-dehors contre les Peuples dont le soulèvement poussait les Rois devant eux. Aujourd'hui, grâce à Dieu, elle n'est plus la même : le sang s'est renouvelé dans ses veines, et il y circule plus abondant que jamais ; ce n'est plus d'épuisement qu'elle succombe, mais d'une *trop longue inertie*. Elle a vengé, il y a dix ans, une de ses injures ; il en est une autre qui lui pèse encore sur le cœur ; et puisqu'on la lui rappelle, puisqu'on parodie les vieilles Ligues, au milieu de tant d'intérêts nouveaux, puisqu'on ne tient compte ni de sa modération, ni de la justice de sa cause ; puisqu'on recommence à comploter contre elle en tâchant de l'isoler ; elle rendra *menace pour menace, défi pour défi*, et s'il le faut GUERRE POUR GUERRE. *La Révolution*, si elle est provoquée, se présentera, en face de *l'Aristocratie européenne* et des Cabinets absolus, avec toutes ses forces, dans toute sa dignité. Quelles que soient dès lors les inimitiés ou les embûches qui l'attendent, elle n'a rien à craindre de l'avenir.

Que la France arme donc, il le faut ; qu'on appelle et qu'on organise la réserve ; que notre marine, déjà formidable et prête à tout événement, voie encore élargir ses cadres : il s'agit de notre *dignité* et de notre *puissance*. Le pays ne craint point les sacrifices pour une telle cause : demandez son or et son sang, il les donnera ; mais vous, gardez son honneur ; maintenez son influence en Europe ; ne souffrez pas que, parce qu'elle est tombée une fois, épuisée, haletante, perdant ses forces et son sang par mille blessures, après vingt-cinq ans de guerre, et abusée encore sur son avenir, on se croie aujourd'hui autorisé à lui jeter la *provocation* et l'*outrage*. Mieux vaudrait pour elle une guerre aussi longue, autant de coalitions à vaincre, tous les désastres de 1815 fondant à la fois sur son territoire, que si de son propre consentement sa *voix cessait d'être comptée* dans le conseil des nations.

SIÈCLE (1er août) : — ...... Quand il y aurait eu, dans la forme du traité, pour le représentant de la France, tous les égards dont on a manqué, les faits au fond en seraient ils moins graves ? n'est-ce pas d'une *question européenne* qu'il s'agit ; et la prétention de l'Angleterre et de la Russie n'est-elle pas de la résoudre de concert avec la Prusse et l'Autriche sans le concours du Gouvernement français ?—C'est là, qu'on le sache bien, ce que nous ne souffrirons jamais. Cette prétention vise directement à faire déchoir la France du rang qu'elle occupe, et cela de son consentement propre. Mieux vaut cent fois pour elle, nous le répéterons aussi souvent qu'il le faudra, soutenir vingt ans de guerre contre les Coalitions renaissantes de l'Europe ; car enfin, vaincue, terrassée, elle serait encore *honorée* parmi les peuples, et *respectée* de ses ennemis ; mais si elle se dégradait de ses propres mains ; si elle se pliait à ce rôle passif et inerte que la *nouvelle Sainte-Alliance* ose lui assigner ; si elle n'intervenait que par de stériles doléances dans les affaires du monde ; elle n'en serait pas plus puissante apparemment ; et que deviendrait alors cette *couronne de gloire* qu'elle a si noblement portée à travers les vieux âges de la monarchie, comme à l'époque héroïque de la Révolution et de l'Empire ?

Le *Siècle* (c'est-à-dire *M. Thiers*) crie donc *la guerre ! la guerre !*

Les protestations de lord Palmerston envers la France ne le désarmeront pas.

SIÈCLE (10 août) : — En réponse au discours de lord Palmerston, le *Siècle* dit : « Du reste, nous le répétons, les plus belles protestations du monde n'effacent pas l'*offense* : les faits restent. Des menaces ont été dirigées contre notre allié. Et nous irions nous jeter en aveugle au-devant de cette alliance anglaise faussée et rompue ! Non, il ne sera pas dit que les représentants des quatre Puissances, au sortir de leurs conciliabules clandestins, se riront de notre crédulité. Nous garderons, au fond de notre cœur, notre blessure ; et nous crierons à la France de se tenir prête, se fiant à son *épée* plutôt qu'à la foi douteuse des amis dont elle a éprouvé l'inconstance.

Ainsi, la guerre, toujours la guerre! — C'est encore le cri du *Capitole* et de *la Gazette :*

CAPITOLE (27 juillet) : —...... Pour éloigner la guerre, alors même qu'elle est *indispensable à l'honneur*, les partisans de la paix à tout prix ont voulu présenter sa rupture comme le signal de la ruine pour la richesse nationale. C'est un *mensonge*. La guerre déplace les intérêts plutôt qu'elle ne les détruit...... La guerre doit être évitée, la sagesse le veut ; mais on doit la provoquer quand les paix sont factices, c'est-à-dire quand personne n'ajoute foi à leur durée. Cet état n'est-il pas celui de la France et de l'Europe de 1840 ?

GAZETTE (28 juillet) : — ...... C'est un fait de la plus haute gravité que l'acte des quatre Puissances contre le pacha d'Égypte. On peut dire qu'en ce moment une *Coalition* est formée *contre la France*, et que l'Europe commence la guerre à M. Thiers, comme *en* 1815 *et en* 1815 elle fit la guerre à Bonaparte. Seulement, nous allons avoir une *lutte politique* au lieu d'une Coalition armée ; et la France va se trouver de nouveau mise au *ban de l'Europe !*

NATIONAL (28 juillet) : — Oseriez-vous, seulement pendant vingt-quatre heures, dégarnir Paris? et quand vous êtes aussi tremblants pour votre existence, vous osez parler de guerre ! Non, non! vous ne la ferez pas ; vous ferez des démonstrations pour l'éviter; vous vous servirez encore de ces vibrations de l'indignation publique pour faire reculer la Prusse et l'Autriche ; vous pousserez par l'intrigue au renversement de lord Palmerston ; vous resterez dans la diplomatie ; vous ne toucherez pas à l'épée de la France. Mais la France vous connaît désormais ; elle sait qu'avec vous elle est exposée à tous les outrages, et elle ne veut pas être outragée. Elle sait par son histoire ce dont elle est capable quand elle s'appartient ; mais elle sait aussi que vous êtes le plus grand obstacle aux élans de son courage et à l'émancipation de ses enfants. Les conditions de la guerre, d'une guerre inévitable, nous les connaissons tous, et vous aussi, peut-être... C'est pour cela qu'il vous est défendu de la tenter.

Nous n'examinons pas si ce langage est adroit et politique ; mais les faits en prouvent la vérité, comme de ce qui suit ; et quelle accusation !

NATIONAL (31 juillet) ...... Si la Prusse et l'Autriche ne ratifient pas le traité, elles feront leurs conditions ; elles exigeront de la France de nouvelles garanties de sagesse ; elles exigeront du Gouvernement de nouvelles preuves d'amitié. Ces preuves, elles seront faites au détriment de la Révolution. Au bout du traité Brunow, il n'y a pas seulement la chute du ministère Thiers : il y a de plus un cabinet conservateur, violent peut-être, réactionnaire assurément. Ce n'est pas la guerre entre les Monarchies qu'on médite ; c'est la guerre des Monarchies contre la Révolution qu'on veut reprendre et recontinuer.

Ecoutez encore des cris de guerre !

CONSTITUTIONNEL (18 août) : — ...... Y a-t-il une Puissance au monde qui soit en état d'empêcher Méhémet de franchir le Taurus ? Or, la marche de Méhémet amène l'intervention Russe. Nous ne savons trop où les Anglais pourront prendre pied ; mais l'occupation de Constantinople par les Russes, une tentative des Anglais en Egypte ou en Syrie, est-ce l'intégrité de l'Empire turc ? C'est *le feu mis à toute l'Europe.* Eh bien ! Méhémet est en quelque sorte placé sur le baril de poudre qui peut tout embraser. Qu'on le pousse à bout, et il est homme à s'ensevelir sous des ruines qui n'écraseront pas que lui.

CONSTITUTIONNEL (19 août) : — ...... Les Journaux étrangers auxquels nous répondons connaissent bien mal l'état de l'opinion publique en France, s'ils se figurent que la modération de notre pays est de la faiblesse, et qu'il *supporterait des indignités pour éviter la Guerre.* Sur quoi donc jugent-ils la France ? est-ce par hasard sur les alarmes de la Bourse ? qu'ils ne s'y trompent pas, les cœurs français ne s'effraient pas si vite que les capitaux.... L'intention du Gouvernement n'est point de s'en tenir aux moyens *comminatoires*, ni de chercher une formule pour *capituler*. La guerre générale est une calamité pour tout le monde ; mais *la France la craint moins que personne* ; elle ne menace pas, elle n'injurie pas ; *elle expose son droit et arme* ! .....

CONSTITUTIONNEL (28 août) : — ...... Dans tous les cas, si les Puissances ont devancé l'époque pour ainsi dire légale de l'exécution, elles n'auront pas devancé, nous en avons la confiance, les mesures de *précaution* que le Gouvernement avait à prendre pour toutes les éventualités.

COURRIER FRANÇAIS (21 août) : —. . . . . . *Le Roi et les Ministres seraient indignes* de la haute position que le suffrage public leur a confiée, s'ils pouvaient hésiter un seul instant à s'associer aux sentiments qui éclatent partout autour d'eux. Les armements de la France sont autre chose que des phrases, et le Pouvoir qui préside à nos relations internationales sait bien que l'on attend de lui qu'il périsse plutôt que de se rendre ou de s'humilier. . . . . .

DÉBATS (21 août) : — . . . . . . Mais nous n'hésitons pas à le dire : dans la chaleur avec laquelle le *pays tout entier* s'est prononcé *d'une seule voix* contre ce traité, dans la commotion subite et extraordinaire que les masses elles-mêmes en ont ressenti, il y a eu autre chose que le sentiment des dangers éloignés que notre influence pouvait courir sur les bords du Nil ou à Constantinople. Ce qui a frappé tous les yeux, ce n'est pas même l'éventualité d'un partage de l'Orient, résultat possible et *condition secrète* peut-être du traité de Londres; c'est *sur le Rhin* que l'attention publique s'est immédiatement reportée. Oui, dans cette subite défection de l'Angleterre, dans cette alliance imprévue du seul pays sur lequel nous croyions pouvoir compter avec les Puissances du Nord, à tort ou à raison, la France a vu le germe d'une *nouvelle coalition*; elle a pensé qu'on en voulait à sa *grandeur*, à sa *liberté*, à sa *Révolution*. Elle a senti que, pour prix de sa modération, on ne lui jetait pas sans dessein une *insulte*, un *défi*, et qu'en l'isolant pour ainsi dire dans le monde, c'était elle qu'on commençait par *bloquer*, ses principes, ses institutions, son esprit démocratique et son gouvernement national. Elle s'est dit que le traité de Londres, en détachant tout-à-coup l'Angleterre de notre alliance, anéantissait en quelque sorte les dix années de paix dues à notre sagesse, et nous *rejetait au lendemain de la Révolution de juillet*. Elle a cru comprendre que le mauvais vouloir des Puissances, plutôt comprimé qu'éteint, saisissait cette occasion d'éclater. Sans s'occuper des termes et de la forme extérieure du traité, c'est son sens intime, sa signification mystérieuse, qu'on a cherché à pénétrer. Tous les prétextes ont paru vains et ridicules. Un fait, un seul fait a saisi sur-le-champ tous les esprits : la *France laissée seule en face des Puissances du Nord coalisées* avec l'Angleterre!

Nous rendons compte de l'impression générale. Nous expliquons la cause du mouvement extraordinaire que la nouvelle du traité de Londres a produit en France, mouvement du reste qui *honorera*, quoi qu'il arrive, notre pays. . . . . .

Ce serait toute autre chose dans le cas où l'esprit public aurait rencontré juste en supposant sous ce traité le dessein secret d'humilier la France, de l'intimider, de l'isoler, d'organiser contre elle, contre sa puissance et ses principes, une espèce de *blocus européen*. Un peu plus tôt ou un peu plus tard, la guerre éclaterait, et une guerre terrible; car la France risquera certainement tout plutôt que de souffrir qu'on se mêle de ses affaires intérieures. . . . . .

Si c'est la France que le traité de Londres menace secrètement, si c'est elle qu'on veut faire rentrer dans le devoir, *la guerre est infaillible;* la France défendra jusqu'à la dernière goutte de son sang ses droits, son *indépendance*, sa *Révolution*. . . . . .

Hé bien, *Journal des Débats*, demandez maintenant qu'on fusille et qu'on mitraille ceux qu'ici vous provoquez à l'honneur de défendre la Révolution menacée! —*La Presse* n'est pas moins provocatrice à la guerre.

LA PRESSE (30 août) : — . . . . . . Nous avons perdu un temps précieux pour la paix; que *nous n'en perdions pas un plus précieux encore pour la guerre*. S'il ne dépend plus de l'Autriche et de l'Angleterre de l'empêcher, à quoi bon les négociations tardives qui *déconcertent le courage national* et humilient la fierté de notre premier mouvement? Nous en avons eu l'inconvénient; ayons-en au moins l'avantage.

Mais nous allons voir une ardeur belliqueuse bien autrement entraînante et contagieuse. Ecoutez un journal ami de la Cour et qui se dit bien instruit de ce qui s'y passe :

UNIVERS RELIGIEUX (29 août) : — En arrivant d'Eu à Saint Cloud, le Roi a reçu le corps diplomatique; l'ambassadeur de Prusse a dit :

« Le roi mon maître me charge de vous exprimer l'espoir que rien ne sera changé dans les relations d'amitié de la France et de la Prusse. — Louis-Philippe a répondu : « Le roi votre maître, » monsieur l'ambassadeur, prend de *singuliers moyens* pour me » donner des témoignages de bonne amitié! il signe un traité ou» TRAGEANT pour la France! il se met à la merci d'un *cerveau* » *brûlé*, comme celui de lord Palmerston, pour *troubler la paix*

» du monde ! et vos journaux censurés de l'Allemagne s'évertuent à me représenter comme *décidé à me soumettre à la* » *paix à tout prix* ! Eh bien ! monsieur l'ambassadeur, je vous » charge de dire à votre maître qu'on s'abuse étrangement sur » *mes sentiments* ; et je *prouverai à l'Europe* que je suis le Roi » des Français ! »

A l'ambassadeur d'Autriche, le Roi adressa aussi ces paroles : « J'avais cru l'Europe assez sage pour ne pas *jouer la paix* du » monde sur un coup de tête ; mais je vois que je me suis trompé. » Dites à M. de Metternich, M. l'ambassadeur, que je l'avais regardé » jusqu'à ce jour comme le premier homme d'État de l'Europe, et » qu'il me force à reconnaître que je l'avais flatté. J'avais compté » sur lui pour m'aider à *sauver la paix* du monde, mais je ne me fie » plus qu'à *l'épée de la France !*..... »

M. Rotschild étonné passa chez la Reine, pour la prier de calmer l'*irritation du Roi*.— « Quand le roi, répondit la reine, *a une ligne* » *de conduite fermement arrêtée*, je ne cherche jamais à l'en faire » changer ; et d'ailleurs je *partage tous ses sentiments*. L'Europe » n'a tenu aucun compte de tous nos sacrifices, de toutes nos souf- » frances pour le maintien de la paix ; et aujourd'hui, elle nous ou- » trage, en voulant nous présenter comme *décidés à subir la paix* » *à tout prix* ; cela ne sera pas ! Ne comptez nullement sur moi, » monsieur le baron, pour intervenir auprès du Roi. »

L'*Univers* ajoute : « Nous sommes en mesure de garantir la parfaite authenticité de ces renseignements : ils sont assez importants pour qu'il soit *nécessaire*, dans les circonstances actuelles, de les faire connaître. »

Bientôt, nous entendrons M. Thiers et tous ses journaux confirmer et rendre indubitable cette importante révélation. Comment alors est-il équitablement et moralement possible à qui que ce soit sur la terre de flétrir et de proscrire comme factieux, révolutionnaires, démagogues, anarchistes et brigands, les gouvernés dont tout le crime est de se laisser enflammer par la voix du chef de l'Etat, ordinairement si pacifique et devenu si belliqueux !

Et voyez comme M. *Thiers* confirme ces paroles !

REVUE DES DEUX MONDES (1er septembre) : — ...... La France aime la paix ; mais le jour où l'honneur et le droit le lui commanderaient, elle ferait la guerre comme la France peut la faire, et là où la France a le plus d'intérêt à la faire; elle ne se laisserait pas assigner un champ de bataille, elle le choisirait. L'Europe ne l'ignore pas; et si quelques doutes lui restaient encore, ces doutes seront dissipés, nous le pensons, par *quelques paroles qui ont été dites en haut lieu*, par ces paroles nobles et vives, par ces paroles si françaises et à la fois si utiles à l'Europe. Nous voudrions pouvoir dire tout ce qu'il y a dans ces *paroles augustes* de raison, de fermeté patriotique, de dignité nationale. La Couronne, le Pays, le Cabinet sont unanimes, également fermes et modérés, également calmes et résolus.

Écoutez aussi le *Constitutionnel!*

CONSTITUTIONNEL (1er septembre) : — ...... Au moment où l'*immense majorité* du pays se prononce avec tant d'énergie contre le Traité de Londres, quand personne en France ne voudrait *maintenir la paix au prix d'une humiliation*, il nous a paru utile à la Royauté, utile au pays, utile à l'Europe même, de bien faire voir que *le Roi sympathise pleinement avec le sentiment national*, et que son concours le plus actif, le plus spontané, est acquis à la politique et aux actes du Gouvernement. Ce n'est pas là découvrir la Royauté, c'est au contraire lui rendre un légitime hommage et ajouter à la popularité du trône de Juillet. Savez-vous quand et comment la Royauté demeure découverte? c'est quand un Cabinet pusillanime, sans influence personnelle et sans moyens d'action sur les Chambres, abrite son impopularité derrière le manteau royal; c'est lorsqu'on fait remonter jusqu'au Roi la responsabilité de certaines mesures qui provoquent l'animadversion du pays : mais *associer le Roi au vœu national*, constater sa *ferme attitude* vis-à-vis de l'Étranger, c'est honorer et grandir le trône, c'est accroître sa force et la nôtre. Ce qui importe, c'est que le pays soit bien convaincu que *la Royauté* qu'il s'est donnée *n'accepte pas plus que lui une situation équivoque*, et qu'elle est comme lui *prête à tous les événements*.

CONSTITUTIONNEL (12 septembre) : — ...... Si les actes répondent aux paroles, la Note des Puissances signifie qu'elles ne reculeront pas, même devant des mesures susceptibles de provoquer une conflagration européenne. — Nous avons remarqué ces paroles outrecuidantes : *Qui est-ce qui oserait braver les Puissances? qui oserait s'opposer à l'exécution de leurs arrêts?* Si les Gouvernements, représentés par les quatre Consuls généraux, ont oublié qu'il y a une France dans le Monde, nous avons l'espoir qu'il se trouvera quelqu'un pour les en faire ressouvenir. Déjà les violations commises contre le droit des gens par l'Amiral Napier ont provoqué d'énergiques représentations de la part du Gouvernement français. Mais si les Puissances allaient plus loin ; si, mettant le pied sur les territoires turcs, elles passaient d'une protection apparente à un acte réel de partage, alors ce ne serait plus par des *Notes diplomatiques* que la France aurait à protester, mais par des *actes*......

CONSTITUTIONNEL (14 sept.) : —...... Mais de bonne foi, l'énergique volonté qu'a le Gouvernement de soutenir dignement l'honneur et les intérêts de la France n'est-elle pas écrite dans tous ses actes, dans ces levées d'hommes, dans ces préparatifs de toute nature, dans ces ordonnances de crédits extraordinaires, pour lesquels il engage courageusement sa responsabilité ? Comment ! il y aurait des Ministres capables de dépenser les millions de la France pour acheter.... quoi ? LA HONTE....! LA HONTE ! Ce serait bien le moins de l'avoir pour rien. Les sacrifices que le Gouvernement impose au pays sont l'*irrévocable engagement de sauver ses intérêts et son honneur !*

COURRIER FRANÇAIS (3 septembre) : —...... Il nous répugnait trop de croire que les quatre Puissances, venant à s'unir pour une cause dont elles plaidaient la justice devant l'Europe, commenceraient par mettre de côté tout scrupule, et se conduiraient *comme une troupe de forbans*. Nous voyons bien maintenant que l'Angleterre entre à pleines voiles dans la Coalition des Puissances absolutistes ; car c'est l'esprit de Pitt qui revit en elle, cet *esprit machiavélique et froidement barbare* qui vendrait la morale, le droit, l'honneur pour un peu d'or. — Nous ignorons si le sang anglais a coulé dans cette expédition, quoique les Egyptiens aient bravement résisté ; mais qu'il soit permis à la presse française de s'écrier comme Sheridan : « *L'honneur anglais a coulé par tous les pores.* »......

COURRIER FRANÇAIS (11 septembre) : — « *Qui oserait braver les Puissances*, ont dit leurs quatre consuls ? » C'est là une grande phrase, et peut-être la plus complète expression de l'orgueil humain. Ne craint-on pas que la France ne réponde comme Médée : » Moi, moi, vous dis-je et c'est assez ! »......

COMMERCE (4 sept.) : — Quel honneur pour nous, à qui le *Morning-post* a déclaré que nous avons reçu un *soufflet*, qui l'avons avoué et reconnu, qui l'avons reçu bien effectivement, d'entendre notre gouvernement signifier qu'il ne voit pas d'inconvénient d'en attendre un second !

SIÈCLE (8 septembre) : — ...... Si l'Angleterre, après l'exécution heureuse du coup de main qu'elle médite venait nous parler de son alliance, comme elle le fait aujourd'hui dans les notes de lord Palmerston, il n'y aurait que le *canon* qui pût répondre à cette insolence. Pourquoi ? n'est-ce pas que tout le monde sent que la France alors serait *humiliée* comme d'une défaite qu'elle aurait subie ? Depuis la signature du traité de Londres, le nom de France est en face de l'Angleterre et de la Russie, et elle ne souffrira pas que son nom soit *insulté*.

SIÈCLE (11 septembre) : — ...... Ce qui est sérieux dans la note remise au pacha, c'est la déclaration formelle que les stipulations du 15 juillet seront *inaltérables et irrévocables* ; c'est la menace exécutée par avance des mesures coërcitives ; c'est surtout cette interpellation insolente qu'on lui adresse, en lui signifiant les décisions des quatre Puissances : QUI OSERAIT LES BRAVER ? Paroles fanfaronnes et injurieuses que la France aurait bien su comprendre, quand même les consuls des cours coalisées n'auraient pas eu soin d'expliquer à qui ils voulaient faire allusion. C'est trop de moitié, c'est une raison pour que le gouvernement se tienne prêt à montrer à ses *ennemis* qu'il ne suffit pas d'être quatre contre un pour faire peur à la France.

SIÈCLE (19 septembre) : ...... Nous espérons alors que le ministère ne nous parlera plus de son respect pour les traités de 1815 : le sentiment national l'aurait absout de les briser, même sans provocations : mais aujourd'hui, et après tant de violations dirigées toutes contre nous, ses scrupules ressembleraient à de la pusillanimité.

LA PRESSE (13 septembre) : — Voici comment M. Lamartine résume les griefs de la France contre M. Thiers : « Le Ministère du 1er mars a jeté la France dans *l'isolement ;* il a par cet isolement *aigri le patriotisme* et remué les cendres du *volcan de* 1792. Une Nation isolée est nécessairement *ombrageuse et armée.* — Il a livré l'Asie centrale à la Russie et à l'Angleterre ; — il a négocié à coups de millions et de levées d'hommes, au lieu de négocier avec les Notes et la parole de la France ; — il a dépensé 70 millions en armements peut-être inutiles ; — il a enlevé 100,000 ouvriers à l'industrie, à l'agriculture, aux familles ; — il a suspendu indéfiniment pour plus de 400 millions d'affaires ; — il a fait solder à la Bourse, par des oscillations désordonnées, pour plus de 50 millions de différences ; — enfin il a *abouti à une guerre sans alliés*, sans cause et sans fin. — Voilà la négociation du 1er mars telle que L'HISTOIRE L'ECRIRA.....

MESSAGER (25 septembre) : — Le *Morning-Chronicle* affirme que les agents français sont intervenus pour engager Méhémet à restreindre ses concessions à l'investiture de l'Égypte et à la possession viagère de la Syrie. — Nous sommes en mesure d'opposer à cette assertion la dénégation la plus absolue ; nous pouvons même ajouter que, sans les *vives instances des agents français*, les concessions de Méhémet-Ali n'auraient pas été portées *aussi loin*. Il demandait en effet qu'on lui laissât garder à titre viager, non seulement la Syrie, mais *la totalité du territoire* qu'il occupe en ce moment ; et ce n'est qu'après une *très forte résistance* qu'il s'est décidé à y renoncer. Les preuves de ce que nous avançons ici seront fournies aux deux Chambres.

REVUE DES DEUX MONDES (1er octobre) : — Evidemment la Russie avait une arrière pensée. A-t-elle voulu rompre l'alliance anglo-française uniquement pour le plaisir de la rompre ? L'alliance anglo-française ! Mais pour quiconque étudie à fond la question, il est évident que l'alliance anglo-française, c'est la paix ; que toute autre combinaison, quelle qu'elle soit, *c'est la guerre*. Il faut appeler les choses par leur nom : malheur à ceux qui se berceraient d'illusions ! En pareille matière, trop de confiance perd, *la méfiance sauve*......

L'alliance anglo-française une fois brisée, les chances sont complétement retournées ; ce qu'on pouvait auparavant parier pour la paix, on pourrait *maintenant le parier pour la guerre* avec les mêmes probabilités. Dès lors *il eût été stupide* de conserver, après le traité de Londres, la persuasion invincible du maintien de la paix. Quelque riche que soit en affection le cœur de l'Angleterre, il ne l'est pas assez pour suffire à la fois à la France et à la Russie.....

La France, si elle avait pu demeurer spectatrice impassible de pareils événements, aurait joué un rôle *plus déplorable que celui de Louis XV* assistant au partage de la Pologne. .....

Nous ne voulons pas le croire : la guerre comme la paix à tout prix sont au fond une seule et même chose : nous ne verrions du moins aucune différence quant aux résultats ; l'une et l'autre conduiraient au bouleversement du Pays. Confinée un moment dans la *paix avilissante*, la France *rebondirait bientôt vers la guerre révolutionnaire*. Il ne peut être question au sein des Chambres que d'une paix honorable ou d'une *guerre politique*; c'est sur ce terrain que se placeront, et ceux qui accuseront le Ministère d'impatience et d'audace, et ceux qui lui reprocheront sa retenue en la qualifiant de timidité.

Tout appelle donc la guerre. — Cependant Palmerston a remis à M. Thiers un deuxième *Memorandum*.

2me MÉMORANDUM PALMERSTON (31 août) : — La Grande-Bretagne veut *l'intégrité* et *l'indépendance* de l'Empire Ottoman, pour conserver *la paix* et *l'équilibre* européen.

La France a admis ces *principes*, et promis son concours, dans une dépêche du maréchal Soult du 17 juillet 1839, et dans une note du 27 juillet. Elle ne différait que sur les *moyens*. — Le premier projet n'accordait au Pacha que l'Égypte héréditaire. — Le 27 septembre 1839, la France demanda la Syrie héréditaire pour le Pacha. — L'Angleterre concéda la Basse-Syrie seulement, à condition que la France prendrait part aux mesures coërcitives. — La France refusa, et les Puissances passèrent outre. — Le comte Sébastiani répondit que les Puissances *échoueraient*, et invoqueraient l'intervention amicale de la France. — Les Puissances répliquèrent que le Traité serait *exécuté*, et qu'alors la France *ne refuserait plus son concours*.

A ce *Memorandum* de Palmerston, M. Thiers répond :

MÉMORANDUM THIERS (3 octobre) : — A l'origine, l'*Angleterre propose* à la France d'unir leurs deux flottes, de commander aux parties belligérantes la suspension des hostilités, et enfin de *forcer le passage* des Dardanelles si la lutte entre le Pacha et le Sultan avait amené les Russes à Constantinople.

Tout ce qu'on exigeait alors de Méhémet, c'était de ne *pas marcher sur Constantinople*, ce qui eût été une provocation à la Russie de lui disputer cette capitale ; c'était de ne pas devenir le vassal menaçant du trône de son maître. La France voulait surtout substituer au *protectorat* exclusif de la Russie, le *protectorat* commun des cinq grandes Puissances. C'est dans ce but qu'elle proposa *d'associer la Prusse, l'Autriche et la Russie* elle-même, à toutes les résolutions relatives à la question Turco-Egyptienne. Tout le monde voyait la question sous ce point de vue : *Empêcher* Ibrahim de menacer Constantinople, *dispenser* les Russes de secourir cette capitale. Ce projet souriait peu à la Russie, qui du reste se préoccupait beaucoup moins de *la question des limites que de la Liberté de la Porte dans ce Concordat.*

La dissidence entre la France et l'Angleterre se manifesta au sujet de la flotte turque, que le cabinet anglais voulait d'abord arracher de vive force au Pacha, projet auquel il renonça sur les observations de la France.

Elle continua sur la question des limites. La France prend en cette occasion les intérêts de la justice et se prononce pour *l'hérédité de l'Egypte et de la* SYRIE. Plus tard, la France se contente de la Syrie *viagère*. Quant aux autres concessions dont on parle, aucune dépêche ne mentionne que M. le comte Sébastiani ait été autorisé à proposer la délimitation contenue dans le Traité du 15 juillet, ou que spontanément il ait pris sur lui de la proposer. — Tout-à-coup, l'Autriche et la Prusse se prononcent pour celle des Puissances qui donnerait le plus de territoire au Sultan ; et la Russie, qui avait naguère repoussé toute intervention, adhérait à tout ce que voudrait l'Angleterre, et parlait de couvrir Constantinople par une armée de terre, pendant que *les flottes de l'Angleterre et de la France bloqueraient la Syrie.*

..... Il en résulte donc que : 1° L'*indépendance* et l'*intégrité* de l'Empire Ottoman ont été entendues, au début de la négociation, non pas comme une limite territoriale plus ou moins avantageuse entre le Sultan et le Vice-Roi, mais comme une garantie des cinq Cours contre une marche offensive de Méhémet-Ali, et contre la protection exclusive d'une seule des cinq Puissances. — 2° On s'est borné à offrir à la France de joindre à l'Egypte le Pachalick héréditaire d'Acre, mais *sans la place*, et plus tard le Pachalick et la place, mais *sans l'hérédité*. — 3° On a soudainement signé le Traité, sans prévenir la France qu'on allait le signer. — 4° La France n'a jamais aliéné sa liberté d'action. — 5° Les Puissances sont illogiques, puisqu'elles consentent à détacher de l'empire les Pachalicks d'Egypte et d'Acre, sans croire détruire son INTÉGRITÉ, et qu'elles refusent, sous ce prétexte, de joindre aux possessions de Méhémet les Pachalicks de Damas, d'Alep et de Tripoli. — 6 Aller au-delà des concessions de Méhémet, c'est vouloir *l'anarchie* en excitant l'insurrection du Liban, ou *l'influence Russe.*

Quand on aura poursuivi à quatre, sans nous et malgré nous, un but que nous avons déclaré mauvais, quand on l'aura poursuivi par une alliance trop semblable à ces *coalitions* qui depuis cinquante ans ont ensanglanté l'Europe, croire qu'on retrouvera la France sans DÉFIANCE, sans RESSENTIMENT d'une telle OFFENSE; c'est se faire de sa FIERTÉ NATIONALE, une idée qu'elle n'a jamais donnée au monde..... Sauf les sacrifices qui coûteraient à son *honneur*, elle fera tous ceux qu'elle pourra pour *maintenir la paix;* et si elle tient ce langage, c'est moins pour se *plaindre* que pour prouver la *loyauté* de sa politique.

Cette fin paraît être un contresens avec tout ce qui précède; c'est la paix remplaçant la guerre : mais nous en verrons bientôt l'explication.

NOTE ADDITIONNELLE (8 octobre) *au Mémorandum-Thiers.*—Cette note se réduit à 1° une promesse d'exécuter avec une religieuse fidélité les *traités de* 1815; 2° une protestation contre la *déchéance* du Vice-Roi; 3° une déclaration d'amour pour *la paix.*

Mais nous verrons *le Courrier*, et par conséquent M. Thiers, affirmer, le 10 novembre, que le Roi, renonçant brusquement à la guerre, a imposé cette fin du Mémorandum et cette Note du 8 octobre. Voici l'importante affirmation du *Courrier.*

COURRIER FRANÇAIS (10 novembre) : .... Le 2 octobre, la *Note* rédigée par M. Thiers fut lue en conseil : le Roi refusa d'en autoriser l'envoi. Les Ministres donnèrent leur démission ... Sous les auspices de M. *de Broglie*, il s'opéra une transaction. Le *Roi céda* sur certains points, *le Ministère* sur certains autres; la Note ainsi *modifiée* prit la date du *huit octobre*, et fut adressée à tous les cabinets. Le Ministère aurait dû persister; le dissentiment était *trop profond* pour qu'il pût se permettre de gouverner les événements. Sa responsabilité s'aggravait du moment qu'il était dans l'alternative pénible de *forcer* la main du Roi, ou d'abdiquer sa liberté d'action. Dès lors, il déclara formellement au Roi, dit-on, qu'il se regardait comme à l'état de *démission.* La difficulté soulevée par le Discours du Trône n'a fait que précipiter le dénouement..... La Note du 8 octobre *énervée* par la transaction à laquelle nous avons fait allusion, n'est point cependant l'abandon de notre position..... On sent en lisant la Note que le Ministère qui parle, *ne parle pas en son nom*, et qu'il n'est pas sûr d'exister huit jours... Les hommes qui poussaient le Ministère à la guerre en *sonnant la charge* tous les matins dans le *Journal des Débats* sont les mêmes qui l'ont arrêté quand il a voulu agir..... La politique du *Journal des Débats* tend à éloigner de cette Monarchie tous ceux qui pourraient la sauver aux jours du péril. Le jeu que l'on joue ainsi est un jeu de *désespoir et de folie.*

Mais qu'importe la volonté d'un Roi constitutionnel, qui, d'après la Constitution, n'est pas responsable? Pourquoi le Ministre n'a-t-il pas donné sa démission plutôt que de signer des actes qui sont la plus révoltante palinodie? C'est donc M. Thiers qui demande la paix après avoir crié la guerre, qui se met à genoux après avoir menacé, qui expose à d'impitoyables rigueurs les patriotes qui répètent encore ses cris belliqueux!... Tous ces cris n'auraient-ils été qu'une comédie, un piége, un guet-apens?... Oh, non, c'est impossible! Serait-ce, par hasard, une ruse pour avoir un prétexte de faire des bastilles?... Oh, non, c'est incroyable encore!... Mais que M. Thiers s'excuse, s'il est possible, ou bien l'histoire ne présente pas une rouerie, une lâcheté, une ignominie comparable à la sienne!...

Cependant qu'a fait la Coalition? — On disait d'abord que les Puissances ne *ratifieraient* pas l'œuvre de leurs plénipotentiaires : puérilité! toutes ratifient, et le nouveau Roi de Prusse s'irrite presque de ce qu'on s'est permis de douter de ses dispositions contre la France. — D'ailleurs le Traité porte qu'il pourra recevoir son exécution *avant* les ratifications, et son exécution commence en effet à l'instant. Le Cabinet anglais laisse dans la Méditerranée une force inférieure aux flottes françaises, parce qu'il sait bien que le Gouvernement de la France empêchera de l'attaquer et rappellera même son amiral le plus entreprenant. Puis, le Sultan fait *notifier* au Pacha ses conditions, en le sommant de répondre dans dix et vingt jours, et l'agent du Sultan est assisté des Consuls des Coalisés, qui menacent indirec-

3

tement la France en disant : *Qui oserait nous braver ?* Puis, les vaisseaux anglais et autrichiens bloquent les côtes d'Égypte et de Syrie. Puis, le Pacha refusant les conditions, le Sultan prononce la *déchéance* pour l'Égypte comme pour la Syrie, et lui donne pour successeur un traître protégé par les Russes, auxquels il a livré Warna. Puis, les Coalisés, employant la force et la violence pour exécuter la déchéance, *bombardent Beyrouth*, en Syrie, pendant neuf jours, le brûlent ou le détruisent, et s'en emparent, après avoir canonné le drapeau tricolore arboré sur l'hôtel du consul français... Puis, les Coalisés excitent l'*insurrection*, la guerre civile et la trahison, parmi les montagnards du Liban, contre Méhémet Ali. Puis, les Anglais s'emparent des côtes de Syrie. Et le Gouvernement de la France force sa flotte à rester spectatrice immobile ou à rentrer dans le port, sacrifiant ainsi les intérêts français et l'allié qu'il avait, *sur l'honneur*, juré de défendre, et qu'il a perdu par ses conseils et ses promesses ! — C'est le 2 octobre qu'on apprend, à Paris, toutes ces honteuses et désolantes nouvelles... Ecoutons les journaux :

SIÈCLE (3 octobre) : — Le canon tiré contre Beyrouth va retentir jusqu'aux extrémités de l'Europe et du Monde : il n'est pas un Français digne de ce nom qui n'en ait déjà senti le contre-coup au fond de son cœur. S'il y a peu de gloire, il y a une haute témérité dans le coup qui vient d'être tenté ; c'est le signal de la guerre en Orient, et probablement d'une guerre qui ne se renfermera pas long-temps dans les limites, si vastes qu'elles soient, de Smyrne jusqu'à l'Euphrate et d'Alexandrie à Constantinople...... A ceux dont le cœur n'a pas faibli, qui aiment sincèrement la Révolution, qui veulent que la France soit puissante, honorée ; à ceux-là notre appui, notre concours actif, permanent, dévoué. Mais nous nous séparerons hautement, et à l'instant même, des hommes, quels qu'ils soient, qui n'éprouveront pas comme nous ce besoin ardent de maintenir la patrie dans tous ses droits, de venger les *vieilles insultes* qu'elle a subies, et de repousser loin d'elle les *nouvelles humiliations* qu'on voudrait lui infliger.....

Il faut qu'on sache bien que la Nation française ne fait pas des préparatifs et des armements pour regarder de loin *la chute des Alliés* qui se sont *confiés à sa protection* ; qu'elle se tient pour offensée des agressions brutales qui ont accueilli les propositions du Vice-Roi, propositions toutes modérées et dont tout le monde connaît l'origine; qu'elle n'a point encore abdiqué sa part d'influence dans le Monde; qu'elle a entendu enfin le canon de Beyrouth; et qu'elle y répondra sur le continent, s'il le faut, comme dans la Méditerranée.

TEMPS (4 octobre) : — . . . . . . Le traité s'exécutait avec *une brutalité inouïe* dans l'histoire du droit des gens, pendant qu'une Puissance amie s'interposait ouvertement pour en faire modifier les termes; il y a plus: cette exécution n'était pas même arrêtée pour l'exécution des conditions faites au pacha d'Égypte. C'était donc un parti pris, non seulement de l'opprimer, de le déposséder, ce qui était fort grave, mais encore de nous *insulter*, ce qui était *intolérable*. Il est un sacrifice qu'on n'obtiendra jamais de la France, c'est celui de *sa dignité*.

TEMPS (6 octobre) : — . . . . . . Nos *querelles intérieures* ne sont rien en comparaison de nos *querelles extérieures;* mais par quelle fatalité le Ministère s'exposerait-il à être accusé de n'avoir de l'énergie que contre l'*émeute*, et d'en manquer devant l'*étranger?*

NATIONAL (3 et 4 octobre) : — ...... Français! si la question d'Orient se règle sans nous sous le feu du canon, c'est l'*abaissement* de la France : le voulez-vous? Si l'Anglais, le Russe et l'Autrichien prennent des positions formidables dans la Méditerranée, c'est la *ruine de notre marine*: le voulez-vous? Si l'Égypte cède et tombe, l'ennemi viendra bientôt vous *ravir l'Algérie* : y consentez-vous?

C'est contre nous qu'on tire le canon en Orient. Et nous, quelle est notre attitude? qu'avons-nous fait pour répondre à la provocation? que faisons-nous aujourd'hui? Attendrons-nous qu'on soit à nos portes pour nous apercevoir enfin des *provocations* des alliés! Ignorez-vous donc que toutes nos lignes de défense sont à l'ennemi? oubliez-vous donc que nous sommes la France morcelée de 1815? oubliez-vous que si nous hésitons à choisir notre champ de bataille, c'est dans notre sein, sur notre propre sol qu'il nous faudra combattre les alliés! Aujourd'hui l'Europe est unie et compacte; elle sait l'art de tromper les peuples. — Elle connaît la puissance de l'or! La trahison aussi a son art infâme : il faut la deviner, car il est difficile de la surprendre, et si on ne la devine, si elle garde ses positions, que devient le pays?... Que tous les citoyens s'unissent donc, et qu'ils fassent entendre avec énergie la voix souveraine du peuple... O France! noble France! réveille-toi! sors du sommeil léthargique où t'ont plongée l'avarice et la ruse; secoue les mauvais rêves dont elles t'ont bercée : reprends ton œuvre, l'œuvre de 89 et de 1830, et puisqu'on te force à tirer l'épée de Fribourg et de Marengo, ô France! tire l'épée; les temps sont arrivés. Songe à ta mission suprême et à la grandeur de ta destinée. Sur toi reposent la liberté, l'égalité, la fraternité, trinité nouvelle, qui n'a encore que des martyrs, et qui aura bientôt des autels!......

LA PRESSE (3 octobre) : — Nous renonçons à exprimer *l'émotion profonde* que nous a causée la lecture de ces dépêches (bombardement de *Beyrouth*. *Notre susceptibilité déborde notre raison;* cette émotion qui fait *frémir notre plume* entre nos doigts, *la France tout entière la ressentira;* elle n'aura qu'une voix pour s'écrier : *c'est donc la Guerre!* — Oui, en effet, incendier Beyrouth et bloquer Alexandrie, c'est la *Guerre;* car entre une guerre insensée dont nous nous sommes efforcés de conjurer la terrible extrémité, et une *paix humiliante, la France n'a pas le choix.* — Maintenant, *peu importe* que le traité du 15 juillet ait été ou non une *insulte* à la France; une *menace n'engage pas moins qu'une offense.* Le Ministère a menacé, *le Ministère n'a plus à délibérer, mais à agir.* Il s'est assemblé deux fois aujourd'hui. Nous ne doutons pas que l'Ordonnance de convocation des Chambres ne paraisse demain dans le *Moniteur.* Un *seul jour de retard* serait pour le Conseil une *faute de plus;* car *il ne faut pas que l'Europe puisse mettre un seul jour en question l'énergie de la France.*

LA PRESSE (4 octobre) : — Le *Journal des Débats* recommande le calme, la réflexion, la dignité. Ce sont là des phrases creuses, des mots vides de sens comme en disent tous ces gens sans principes, sans idée, sans résolution, sans élan, sans caractère, sans conviction. — Dans la tâche ingrate et pénible qui nous a valu tant d'injures, le *Journal des Débats* nous a-t-il aidés? quel a été son rôle? quel a été son langage? N'a-t-il pas abondé dans le sens des journaux Ministériels? N'a-t-il pas laissé croire à la France qu'elle avait été *insultée?* n'a-t-il pas fait solennellement taire son Opposition contre le Ministère? A-t-il donc déjà oublié ce qu'il disait le 31 juillet, le 20, le 21, le 24 août?......

LA PRESSE (5 octobre) : — M. Thiers a écrit, le 1er août, ces paroles que toutes les chancelleries ont recueillies, et qui ont retenti dans le monde entier : « Le Cabinet tient l'ordonnance de la convocation toute prête pour le premier danger. Il y a un mot décisif qu'il faut dire à l'Europe avec calme, mais avec une invincible résolution : Si certaines limites sont franchies, c'est *la Guerre, la Guerre à outrance.* »

COURRIER FRANÇAIS (3 octobre) : — Quant à la France que l'on a voulu *humilier* en précipitant et en exagérant l'exécution du traité, elle ne peut pas se soumettre ni passer *sous le joug.* Nous avons poussé la modération assez loin : le moment de la fermeté est arrivé. Il ne faut pas que l'Europe puisse croire qu'il suffit de s'unir à quatre pour nous faire peur. La France n'a jamais considéré le nombre de ses ennemis quand elle se sentait forte de son bon droit. Les Puissances paraissent avoir pris la détermination de bouleverser l'Europe plutôt que de se laisser arrêter dans l'exécution du traité de Londres. Elles ont compté la France *pour rien;* elles ont réglé le sort de l'Europe sans la consulter, en tenant son opposition pour non avenue, et bien décidées à la heurter dans ses droits comme dans ses intérêts. Une agression de ce genre n'est pas moins *dangereuse* ni moins *insolente* qu'une *violation directe de notre territoire;* nous ne sommes pas libres de la laisser impunie. L'*abaissement* de la France est la dernière extrémité à laquelle les hommes de la génération révolutionnaire pourraient consentir. Les devoirs du Gouvernement nous semblent tracés par la situation. Notre appui n'est acquis qu'aux ministres qui sauront les remplir; quant aux autres, s'il en est, qu'ils nous regardent dès ce moment comme leurs *adversaires avoués*. . . . . , .

COURRIER FRANÇAIS (5 octobre) : — Le canon de la Coalition a retenti jusqu'au cœur de la France. Tout le monde a compris que l'*honneur* du pays était attaqué. Nous sommes calmes, mais déterminés. Il n'y a déjà plus, depuis la prise de Beyrout, que quatre Puissances en Europe, aux yeux de ceux qui ont signé le traité. Nous voulons rétablir le nom de la France sur la carte où on l'a *insolemment biffé.* En *exécutant* le *pacha d'Egypte,* on *exécuterait la France;* on la vaincrait, on l'abaisserait sans combat. Nous avons protesté contre cette humiliation par la parole énergique de la presse. A présent qu'on passe des protocoles aux actes les plus insensés, il faut autre chose que *des mots* pour répondre au défi qui nous est jeté. . . . . .

COURRIER FRANÇAIS (7 octobre) : — . . . . . . Le Gouvernement osait avoir une volonté en présence de l'Europe ; mais nous le disons avec *émotion*, avec *douleur*, avec *désespoir*, notre attente ne se réalisera pas. Nous avons rêvé la liberté parlementaire au-dedans, l'indépendance au-dehors ; le rêve n'aura pas même duré huit mois.

Mais la Chambre, dont on annonçait la convocation pour le cas de *guerre*, est convoquée pour aider à maintenir la paix, à tout prix, même au prix de la guerre civile...

CONSTITUTIONNEL (11 octobre) : — ...... Une Coalition intérieure veut la paix à *tout prix*. Chose étrange ! l'intrigue ose compter sur une Chambre où il y a plus de 80 *Généraux* ; comme si on pouvait espérer de faire voter LA HONTE par un conseil composé en partie de la glorieuse élite de nos armées.

SIÈCLE (10 et 12 oct.) : — ...... Si la Chambre des Députés contre tout espoir, répondait *mollement* à l'appel qui lui sera fait, le Pays, qui fait ce qu'il peut, et qui ne cèdera rien de son droit, *saurait*, dans une crise aussi décisive, *éclairer ses Représentants* sur la mission qu'ils ont à remplir.

Pour éviter la guerre, s'il faut commencer par *boire la honte*, les champions de la paix à tout prix n'entraîneront pas les populations; et ils auraient beau placer devant eux un *plastron revêtu d'une vieille tunique de guerre*, ils n'en seraient pas moins à découvert, et n'en auraient pas moins à répondre d'*une souillure ineffaçable* imprimée au nom français.

SIÈCLE (23 octobre) : — Non, la France ne souffrira pas, sous peine d'abdiquer moralement, au nom du corps électoral qu'elle représente, que l'*Étranger* nous impose ses conditions au-dehors, et à l'intérieur des *Ministres de son choix*.

TEMPS (20 octobre) : — Quand l'Angleterre devrait recueillir la gloire d'un autre Waterloo, quand elle devrait écraser la France de son poids et de celui de ses alliés, quand elle devrait la ruiner pour long-temps, la France *ne saurait reculer* en tel cas donné devant une guerre. Sans doute elle veut vivre ; mais elle veut avant tout vivre *honorablement*.

TEMPS (23 octobre) : — ...... Nous n'avons pas oublié avec quelle *énergie* le *Prince* qui est à notre tête s'est *associé* aux sentiments que fit éclater en France la première nouvelle du traité du 15 juillet. *Louis-Philippe* est le soldat de 1789; il est le roi de 1830; il appartient à nos deux révolutions; il ne peut l'oublier en parlant devant les Chambres françaises au nom de la *dignité* et de la *puissance* de son pays.

Cependant, M. Thiers voudrait une phrase tant soit peu belliqueuse ou ferme dans le *discours de la Couronne;* et, ne pouvant vaincre une résistance supérieure, il donne enfin sa *démission* le 23. Est-ce encore une ruse, comme on le soupçonne? Est-ce enfin l'horreur pour les concessions qu'on exige?... Cent pieds de boue pèseront sur sa tête si l'ambition seule l'a fait agir depuis dix ans... Jamais Ministre n'aura laissé un nom plus souillé... Et s'il conserve dans ses veines quelques gouttes de sang patriote, qu'il sache que le plus entier dévoûment à la Patrie peut seul réparer une partie du mal qu'il a fait. — Quant aux Journaux dont il paraît avoir séduit et trompé la confiance, leur dette est grande aussi envers le pays; c'est à eux à défendre la cause nationale! Et ils semblent résolus à remplir courageusement leur devoir.

COURRIER FRANÇAIS (24 octobre) : — Le Cabinet savait qu'il *ne lui serait pas donné* de faire prévaloir sa politique dans le Gouvernement, *même avec l'appui des Chambres;* il le savait, mais le désir de couvrir la *Couronne*, jusque dans l'exercice le plus direct de sa prérogative, avait déterminé M. Thiers et ses collègues à conserver, au moyen de quelques transactions, la direction des affaires. . . . . .

COURRIER FRANÇAIS : — Si le Parlement ne donnait pas le signal d'une *protestation courageuse* contre cette *politique de la peur*, si l'on abandonnait aux Partis extrêmes le soin de réclamer pour notre dignité nationale, *alors le sentiment public déborderait sans mesure* et renverserait toutes les *barrières légales qu'on chercherait à lui opposer*. La question va se poser devant la Chambre; il faut qu'elle y soit résolue, sous peine de prendre, malgré nous, et en dépit de tout le monde, *le caractère d'une* RÉVOLUTION.

Mais les *Débats*, qui provoquaient le Peuple à la guerre,

ne lui parlent-ils pas maintenant comme pourrait le faire un Cosaque?

DÉBATS (28 octobre). . . . . La France tient le rang qui convient à sa gloire et à son courage, il n'y aurait qu'un moyen de l'en faire déchoir, ce serait de porter nos canons sur le Rhin et au-delà des Alpes et de les diriger contre les royautés de l'Europe. Mais alors la France ne serait plus qu'un *Peuple barbare* qu'il *faudrait mettre au ban des Nations*, et qui, au lieu de faire *redescendre les rois dans la tombe*, arriverait bientôt à ne plus compter lui-même parmi les États policés. . . . . .

Le *Siècle* et le *Constitutionnel* imitent le *Courrier;* le Journal de la Cour les accuse, avec l'ex-Premier-Ministre, d'être des criminels, des régicides...

LA PRESSE (28 octobre). — Le *Constitutionnel*, le *Siècle*, le *Courrier*, tous trois ont reçu la même consigne, tous trois paraphrasent la même pensée : « Nous allons prouver, dit arrogamment le *Siècle*, que l'explication qu'on donne de la *conduite du Roi* n'est pas soutenable, etc. » Maintenant que le pouvoir échappe de nouveau à M. Thiers (on ne le lui arrache pas, remarquez-le bien), c'est lui-même qui, effrayé de ses fautes, déserte les affaires, pour n'avoir pas eu à subir la responsabilité. N'importe ! le voilà qui *met la Royauté sur la sellette* et la livre aux *préventions de la foule;* le voilà qui fait proclamer par les trois exécuteurs de ses hautes rancunes, que *la Royauté veut reculer devant l'Europe*, qu'elle *trahit la dignité du pays*, qu'elle sacrifie un Ministère dévoué à l'honneur national, après avoir *feint* de le seconder un moment, pour *mieux le compromettre*. — C'est un bien coupable rôle que remplissent là les organes du Cabinet qui se retire. Eh ! *malheureux!* ne vous souvenez-vous déjà plus de l'*attentat* qui, il y a dix jours à peine, est venu épouvanter la société tout entière ? N'est-ce pas assez d'un Darmès? voulez-vous armer le bras de quelque atroce imbécile ? Quand vous vous attachez à *peindre la Couronne* sous des couleurs odieuses, comment s'étonner que les haines dont vous éveillez l'ardeur s'emportent jusqu'au régicide ? *Darmès* l'a déclaré, se sont *les commentaires* auxquels a donné lieu la prise de Beyrouth qui l'ont poussé au crime affreux dont il s'est rendu coupable. On a écrit qu'il y avait en France un Parti qui voulait la *paix à tout prix;* que ce Parti laisserait impunies les offenses faites à notre drapeau ; que ce Parti était en *conspiration* permanente avec l'étranger contre l'honneur, contre les intérêts du pays ; et que le *Roi était à tête de ce Parti*. Darmès a tiré de ces calomnies la conclusion qu'il serait beau d'abattre un Parti aussi méprisable, et que le plus sûr moyen d'y réussir serait d'exterminer le tyran qui en était le chef. *La conséquence est horrible; mais elle est logique.* Aujourd'hui, vous publiez que le Ministère est tombé martyr de son patriotisme devant un *mauvais vouloir*, qui ne pardonne pas le zèle pour la cause nationale. De bonne foi, serait-il bien étrange que les passions devant lesquelles vous tenez ce perfide langage s'imaginassent qu'il y a effectivement dans la plus haute région de l'État un *Génie malfaisant*, toujours occupé à corrompre ce qu'ont de plus noble nos instincts nationaux, toujours prêt à proscrire les hommes qui essaient de donner à notre politique un peu d'intelligence et de grandeur ? Vous parlez pour être crus, sans doute. Eh bien ! quels peuvent être les sentiments de ceux qui vous croient à l'égard de ce Pouvoir dont vous signalez la funeste influence sur nos destinées ? Ne se regardent-ils pas comme obligés par vertu de le vouer à l'*exécration* ? et de l'exécration à l'*attentat* quelle est la distance, dans un temps où toutes les notions de la morale sont pour tant d'esprits si complétement perverties ?

Pourquoi donc ne les poursuit-on pas comme provocateurs au crime, eux dont la voix a la plus redoutable influence !... Mais, comment poursuivre les amis d'hier !...

Après cinq jours d'interrègne Ministériel, au milieu d'une des plus périlleuses crises dans lesquelles le Pays se soit jamais trouvé, le Ministère du 1er avril est rappelé, ce Ministère abattu par la Chambre précédente comme Ministère du Gouvernement *personnel* ou extra-Parlementaire ; l'Agent de M. Thiers à Londres, celui qui n'a pu, sans le trahir, méconnaître ses instructions belliqueuses dans les dernières négociations diplomatiques, M. Guizot en un mot, vient, avec le maréchal Soult, remplacer M. Thiers pour tout changer, pour faire triompher le système de la paix, pour le faire triompher *à tout prix*, d'accord avec l'Étranger, en comprimant par la terreur des lois le vœu National, jusqu'aujourd'hui provoqué par le Pouvoir lui-même. — La joie que fait éclater la Coalition étrangère à son apparition, les encouragements qu'elle lui donne pour réprimer les manifestations Populaires, l'appui qu'elle lui promet, le font baptiser, à sa naissance, du nom de *Ministère de l'Étranger*. — A M. Guizot, comme à M. Soult, la Presse, courageuse, et convaincue que les temps de la vérité sont venus, oppose leurs opinions, leurs discours, leurs actes, leur passé. — A M. Guizot, par exemple, le COMMERCE rappelle son opinion suivante sur la Paix et la Guerre :

Lettre de M. GUIZOT au Maire de Lisieux (février 1839) : — « La paix peut être compromise de deux manières : Par une politique faible, peu digne et qui blesserait l'honneur national ; Par une politique imprévoyante, mal habile, et qui conduirait mal les affaires. » — « La France est susceptible, très susceptible pour la dignité de sa vie nationale et de son attitude dans le monde. Grâces lui en soient rendues ! La susceptibilité publique, populaire, ce sentiment soudain, électrique, un peu aveugle, mais puissant et dévoué, c'est l'honneur, c'est la grandeur des sociétés démocratiques ; c'est par là que, malgré leurs inconséquences et leurs faiblesses, elles se relèvent et retentissent avec éclat dès que cette noble fibre est émue. Et que le Gouvernement le sache bien : elle peut paraître molle, inerte, et tout-à-coup s'émouvoir, s'ébranler, et tout agiter par son ébranlement. Vous aimez la paix ; *prenez soin, grand soin de la dignité nationale ;* donnez-lui satisfaction et sécurité. *Si elle doute, si elle s'inquiète, inquiétez-vous aussi pour la paix.* Ses biens sont grands et doux ; mais un pays libre ne les achètera pas long-temps au prix d'une souffrance morale et d'*un malaise offensant.* »

» C'est d'ailleurs une situation si commode, *une si grande force* pour le Gouvernement *que de se mettre en sympathie avec la fierté nationale* et de s'en faire un bouclier ! Que d'embarras il peut s'épargner, que de questions il peut résoudre par ce seul moyen ! En toute occasion, à chaque instant, ces étrangers, à qui vous avez à faire, vous observent, vous tâtent. Qu'ils vous sachent *fiers et fermes*, ils mesureront, ils contiendront leurs paroles, leurs actes ; ils y regarderont à deux fois avant d'engager une question et de courir une chance contre vous. Mais s'ils vous trouvent, s'ils vous sentent un peu timides, irrésolus, enclins à éluder, à céder, croyez-vous qu'ils vous feront des conditions meilleures, qu'ils vous traiteront avec plus de ménagement? Tout au contraire : ils insisteront, ils presseront, ils inquièteront; ils se soucieront peu de vous susciter des affaires, ils compteront peu avec vous. Et la paix, chargée d'embarras, de questions, d'ennuis, de dégoûts, deviendra de plus en plus incommode, difficile, et se trouvera enfin en péril, quoi que vous ayez fait pour la maintenir. »

« Croyez-vous qu'à de telles conditions, avec une telle conduite, en présence de la dignité nationale attristée et froissée, au milieu d'affaires étourdiment entamées et de plus en plus compliquées, la paix soit bien forte et bien sûre? Croyez-vous que ce soit là vraiment la politique de la paix? »

» ..... Partout où nous avons eu des affaires, elles se sont compliquées, aggravées. La paix y a été compromise : la guerre en est sortie, ou bien a été, ou bien est encore sur le point d'en sortir. »

» Et pour un grand Peuple, pour la France, il n'y a pas moyen de n'avoir point d'affaires. Il n'y a pas moyen de se retirer de toutes parts comme d'Ancône, et de s'isoler comme la république de Saint-Marin. La France est partout présente, partout intéressée; partout quand une question survient, quand un événement éclate, il faut rester, il faut agir. Partout et toujours vous voulez la paix : vous avez raison, la paix est excellente; il faudrait aujourd'hui, pour la rompre, des raisons énormes, *des raisons de sûreté et d'honneur national*. Mais la paix, la paix qui convient à la France, est une œuvre laborieuse, élevée, qui exige beaucoup d'activité, de courage, de prévoyance, d'ascendant, qui a ses luttes et *veut avoir sa gloire*, comme la guerre. Si vous êtes faibles et imprudents, peu dignes et peu habiles; si vous ne savez pas plus résoudre les questions par les négociations que par les armes; si vous les laissez s'élever légèrement ou s'engager profondément en vous montrant également incapables de les soutenir ou de les prévenir, de les trancher ou de les dénouer, ne parlez pas de la paix, ne vous dites pas les ministres de la paix. Vous ne convenez pas plus à la paix qu'à la guerre : *vous profanez le nom de la paix;* vous compromettez sa durée. Loin qu'elle vous doive rien, c'est par vous, à cause de vous, qu'elle s'abaisse et dépérit. »

» Je m'arrête, car notre pays, dans le trouble bien naturel qui lui reste après tant et de si rudes secousses, redoute l'expression énergique des sentiments même les plus modérés, et *croit voir de l'exagération dans le langage de toute conviction forte.* Mais tenez pour certain que *la politique légère et pusillanime n'est point la politique de la paix.* »

Et c'est le même M. Guizot qui vient aujourd'hui de Londres pour prendre la direction du Ministère, pour sacrifier les intérêts de la France et le Pacha d'Égypte, pour accepter formellement les Traités de 1815, pour accepter aussi le honteux et désastreux Traité du 15 juillet, pour faire cause commune avec la Coalition, et pour comprimer la France par l'intimidation et la terreur, plutôt que d'accepter la guerre étrangère! Quel amas de palinodies! Qu'il est désolant, désespérant, de voir un ancien Professeur de Morale et d'Histoire, un prétendu Philosophe, un prétendu Sage, arborer ainsi drapeau blanc et drapeau noir, et donner le plus déplorable exemple d'immoralité politique et de continuelles variations de principes! Car enfin, est-il équitable, est-il moral, est-il humain, de prêcher alternativement au Peuple le pour et le contre, la Paix et la Guerre; d'appeler crime sous un Ministère d'un jour ce qu'on appelait vertu sous un Ministère d'un mois, et d'écraser impitoyablement de malheureux citoyens, parce qu'ils font aujourd'hui ce qu'un Pouvoir, toujours inexorable, leur commandait hier. Aussi, écoutez comment, dans *le Constitutionnel*, M. Thiers attaque M. Guizot, et plus encore, pour tâcher de s'excuser lui-même!

CONSTITUTIONNEL (3 novemb.): — ...... La politique du 1er mars se prêtait donc plus à une politique de conciliation que celle du cabinet précédent, et pourtant elle n'a pas voulu de conciliation. Pourquoi? parce que l'Angleterre était irrévocablement entrée dans une politique contraire à celle de la France. Elle y était entrée le jour où, ayant proposé à la France de forcer de concert l'entrée des Dardanelles, dans le cas de l'arrivée des Russes à Constantinople, il lui fut répondu par une fin de non-recevoir. Cette réponse, qui l'a faite? le cabinet qui a précédé celui du 1er mars. Eh bien! le traité du 15 juillet était en germe dans ce refus. Le jour où on n'a pas osé faire un acte énergique à deux, ce jour-là on a condamné la France à avoir de l'énergie à elle toute seule contre tout le monde. Déplorable inconséquence d'un cabinet, qui, refusant d'agir à deux contre trois, s'exposait héroïquement dans ses notes à la guerre d'un contre quatre! — Ainsi, les événements qui ont éclaté dans le cabinet du 1er mars étaient comme couvés par la politique de ses prédécesseurs. Le traité du 15 juillet était la conséquence inévitable du refus opposé à la proposition de l'Angleterre.

L'annulation de l'influence française en Espagne, la conséquence de l'inaction coupable de tel cabinet, de ridicules jactances de tel autre. Le mal était dans les entrailles de la situation. Il n'avait plus qu'à en sortir, il en est sorti. Le ministère du 1er mars a, dit-on, reçu de ses prédécesseurs un pays tranquille; oui, tranquille, comme l'est un terrain miné avant l'explosion. — Cette agitation politique ne s'était-elle pas communiquée jusque dans les plus hautes régions *du Pouvoir*, où domine habituellement un sage et persévérant amour de la paix? Voulait-on que le cabinet poussât la théorie du pouvoir parlementaire et de la responsabilité ministérelle, jusqu'à rédiger lui-même les *allocutions des audiences particulières?* Pouvait-il empêcher que ce *noble et fier langage*, *descendu de si haut*, n'allât *électriser les cœurs*, et n'ajoutât encore à *l'émotion publique?* — La seule politique à laquelle on pourrait reprocher de se contredire, ce serait celle qui, *après avoir parlé de guerre devant les étrangers*, viendrait parler de *paix à tout prix devant la France*. Cette politique, *après avoir excité le pays en répondant à ses sentiments d'honneur*, ne réussirait probablement pas à le calmer en n'y répondant plus.

Le bon sens public est donc naturellement porté à croire que si à Londres on injurie M. Thiers, c'est qu'il n'a *jamais voulu déserter le terrain national*, et que si on porte aux nues M. Guizot, c'est qu'il est *prêt à faire toutes les concessions* que M. Thiers a refusées.

Calomnie-t-on le nouveau cabinet, en le supposant prêt à pactiser aux dépens de notre honneur? Mon Dieu! nous le désirerions de grand cœur; mais comment le croire? Nous ne voyons dans les journaux de Londres qui révèlent la pensée de M. Thiers, trace d'une concession honorable. Il serait *ignominieux* pour la France de revenir au Traité du 15 juillet, et nous ne voyons pas qu'on *accorde même tout le Traité*. Malheureusement l'Europe sait aujourd'hui que notre gouvernement veut la paix, et *recule devant la guerre*. Cette conviction la rend d'autant plus *exigeante*, que le nouveau cabinet *nous livre* en quelque sorte à sa *discrétion*.

CONSTITUTIONNEL (4 octobre) : — ...... Le bombardement de Beyrouth est à la fois un acte de violence matérielle contre le pacha et un acte de *violence contre la France*. — Il y a une limite, nous a-t-on dit, à laquelle le gouvernement français aura le devoir d'arrêter les puissances. Eh bien! c'est notre devoir de le dire, le sentiment général nous paraît être que *cette limite est atteinte*. — Les intérêts du pays menacés, son honneur atteint, imposent au Ministère le devoir de prendre une résolution *énergique*..... —Le Ministère, en se retirant, parce qu'il ne lui serait pas donné de soutenir l'honneur de la France, laisserait sans doute une situation *périlleuse.* Mais elle ne le serait pas moins, elle le serait même davantage, s'il restait pour faire subir à la France quelque *grande honte.* Le *péril de la honte* est PLUS MENAÇANT pour le gouvernement que les *périls de la guerre.*

On voit comme M. *Thiers* le prend de haut pour s'excuser! — Et ce n'est pas seulement de l'indépendance de la France qu'il s'agit, mais de sa Charte et de ses institutions; car écoutez le Journal de la Cour :

LA PRESSE (5 novembre) : — Ce que nous aurions voulu, c'est que dans des conjonctures aussi graves, où la paix du monde, l'*honneur* de la France, l'*indépendance nationale*, sont en question, d'où peut sortir une effrayante RÉVOLUTION, ce que nous aurions voulu, c'est que le nouveau cabinet *ne laissât aucune force en dehors de lui;* c'est qu'il rassemblât toutes ses ressources, c'est qu'il réunît, — *à titre de ministres avec ou sans portefeuille, de sous-secrétaires d'État, de directeurs-généraux* — tous les hommes éminents, à des degrés divers, du *parti conservateur;* c'est qu'enfin il donnât l'idée d'une *grande fédération* comprenant le danger dont nos institutions sont menacées, et *décidée* pour les sauver à livrer une BATAILLE DÉSESPÉRÉE. »

A l'appui de ce manifeste réactionnaire, M. Emile de Girardin publie deux très longs articles, dans lesquels il s'efforce de prouver que l'administration et la politique ne seront dans la bonne voie, et que le gouvernement ne sera fort, que du jour où il aura : 1° élargi le cadre des sous-secrétaires d'État; — 2° élevé celui des directeurs-généraux à 33 au moins; — 3° introduit dans la Chambre des députés 30 directeurs-généraux, les membres du conseil d'État, les présidents, conseillers-maitres et référendaires à la Cour des comptes, les présidents, conseillers, procureurs et avocats-généraux à la Cour de cassation et à la Cour royale de Paris, les maréchaux de France, lieutenants-généraux, aides-de-camp, les amiraux et vice-amiraux.....

Mais c'est le discours du trône devant les Chambres qui doit tout révéler : Voyons! — Et commençons par le passage du discours de 1839 relatif à la question d'Orient :

DISCOURS DU TRONE (23 décembre 1839) : — ...... Notre

pavillon, de concert avec celui de la Grande-Bretagne, et fidèle à l'esprit de cette union toujours *avantageuse* aux intérêts des deux pays, a veillé sur l'indépendance et la sûreté immédiate de l'empire ottoman. Notre politique est toujours d'assurer la *conservation de* L'INTÉGRITÉ *de cet empire*, dont l'existence est si nécessaire au maintien de la paix générale.....

Rappelons-nous maintenant que la Chambre devait être convoquée pour appuyer le Gouvernement qui devait lui proposer *la guerre*. Or, voici le discours rédigé par M. Guizot pour la Couronne :

DISCOURS DU ROI.—MM. les Pairs, MM. les Députés,— J'ai éprouvé le besoin de vous réunir autour de moi avant l'époque ordinaire de la convocation des Chambres. Les mesures que l'empereur d'Autriche, la reine de la Grande-Bretagne, le roi de Prusse et l'empereur de Russie, ont prises de concert pour régler les rapports du sultan et du pacha d'Egypte m'ont imposé de *graves devoirs*. J'ai la *dignité* de notre patrie à cœur autant que *sa sûreté* et son *repos*. — En persévérant dans cette politique modérée et conciliatrice dont nous recueillons depuis dix ans les fruits, j'ai mis la France en état de *faire face* aux chances que le cours des événements en Orient *pourrait amener*. Les crédits extraordinaires qui ont été ouverts dans ce dessein vous seront incessamment soumis; vous en apprécierez les motifs. — Je continue *d'espérer* que la paix générale ne sera point troublée. ELLE EST NÉCESSAIRE à l'intérêt commun de l'Europe, au bonheur de tous les peuples et au progrès de la civilisation. Je compte sur vous *pour m'aider à la* MAINTENIR, comme j'y compterais *si l'honneur* de la France *et le rang* qu'elle occupe parmi les nations nous commandaient de nouveaux efforts. — La paix était rétablie dans le nord de l'Espagne, et nous nous applaudissons de cet heureux résultat. Nous verrions avec douleur que les maux de *l'anarchie* vinssent remplacer les malheurs de la guerre civile. Je porte à l'Espagne l'intérêt le plus sincère. — Puisse la stabilité du trône de la reine Isabelle II et des institutions qui doivent le soutenir, préserver ce noble pays des longues et douloureuses *épreuves des révolutions!* —La satisfaction que nous avons réclamée n'ayant pas été obtenue de la république Argentine, j'ai ordonné que de nouvelles forces fussent ajoutées à l'escadre chargée d'assurer dans ces parages le respect de nos droits et la protection de nos intérêts. — En Afrique, le succès a couronné plusieurs expéditions importantes où s'est signalée la valeur de nos soldats. Deux de mes fils ont partagé leurs périls. — Des efforts sont encore nécessaires pour garantir dans l'Algérie la sûreté et la prospérité de nos établissements. Mon gouvernement saura accomplir ce que nous avons entrepris. — La ville de Boulogne a été le théâtre d'une tentative insensée qui n'a servi qu'à faire éclater de nouveau le *dévouement* de la garde nationale, de l'armée et de la population. Toutes les ambitions échoueront contre une monarchie fondée et défendue par la *toute-puissance du vœu national*. — La loi du budget ne tardera pas à être soumise à votre examen. — J'ai prescrit *la plus sévère économie* dans la fixation des dépenses ordinaires. — Les événements nous ont imposé des *charges inattendues*. J'ai la confiance que la *prospérité publique*, rendue à tout son essor, nous permettra de les supporter, sans altérer l'état de nos finances. — D'autres dispositions vous seront présentées pour des travaux d'utilité publique, dans l'intérêt des lettres, et sur la liberté de l'enseignement. — Messieurs, je n'ai jamais réclamé avec plus d'empressement et de confiance votre loyal concours. L'IMPUISSANCE n'a point découragé les *passions* ANARCHIQUES. — Sous quelque forme qu'elles se présentent, mon gouvernement trouvera, dans les *lois existantes*, et dans le FERME *maintien des libertés publiques*, les ARMES nécessaires pour les RÉPRIMER. — Pour moi, dans les épreuves que m'impose la Providence, je ne veux que lui rendre grâce de la protection dont elle ne cesse de me couvrir, ma famille et moi, et prouver à la France, par un soin toujours plus assidu de ses intérêts et de son bonheur, la reconnaissance que m'inspirent les témoignages d'affection dont elle m'entoure dans ces cruels moments.

On dit que ce discours, vivement applaudi par les Pairs et par les Députés conservateurs (et c'est tout simple), est entendu par la moitié de la Chambre dans un silence morne, courageux, hautement significatif. Comme c'est l'œuvre du Ministère, il appartient à la discussion... Et voyez les sentiments qu'il excite dans les Journaux !

CONSTITUTIONNEL : (6 nov.) : — ...... Il faut le dire, parce que c'est la vérité : le discours qu'on a mis dans la bouche du roi est une *palidonie* flagrante, c'est l'abandon de la politique qui a été suivie depuis le mois de juillet. A travers une phraséologie embarrassée, on y reconnaît *un désir immodéré de paix*, dont l'expression a dû faire sourire les quatre grands ambassadeurs qui assistaient à la séance. On ne s'applaudit pas du passé, on l'excuse; on veut bien promettre d'en faire apprécier les motifs aux Chambres : mais aussitôt on se retranche derrière des espérances de paix, et l'on prêche à l'Europe les bienfaits d'un état de choses pacifique.»

LE COURRIER FRANÇAIS (6 nov.) : — ...... « Le discours que le roi vient de prononcer devant les Chambres est le même, à quelques mots près, que le ministère du 1er mars avait repoussé. Les ministres du 29 octobre n'ont pas craint d'en prendre la responsabilité. Quelle retombe donc sur eux de tout son poids; car jamais on n'a fait parler à une grande nation un langage *moins digne* d'elle !

» Nous ignorons ce que le ministère attendait de son discours, bien qu'il l'eût vanté et fait vanter à l'avance; mais il a produit le *plus déplorable effet sur la Chambre* A l'exception de quelques fanatiques des centres, qui applaudissaient aux passages les plus humbles, un morne silence a été la première impression, la première protestation de la Chambre contre cet acte de faiblesse. Les députés paraissaient *frappés de stupeur*. On ne concevait pas que, devant les ambassadeurs des Puissances étrangères, le gouvernement n'eût pas trouvé autre chose à dire, au nom du roi, au nom de la France, au nom de la révolution. Nous avons besoin de relire les bulletins de la République, du Consulat et de l'Empire, pour nous consoler de vivre dans un temps comme celui-ci. Heureusement, le Peuple vaut mieux que ceux qui le gouvernent, et l'Étranger le sait bien! »

SIÈCLE (6 nov.): — ..... « C'est la rougeur au front que nous allons rendre compte de l'inconcevable harangue que le ministère de M. Guizot a eu la *criminelle folie* de placer dans la bouche de la Royauté. Jamais l'orgueil de la France ne fut aussi *profondément humilié*; jamais ministres sortis, dans les temps les plus malheureux, du bon plaisir de la cour ou du choix des favorites, n'avaient osé tenir, au nom de cette noble nation, un langage aussi *indigne d'elle*. Quoi, il y a parmi vous un des maréchaux de l'Empire! Quoi, vous êtes ces mêmes tribuns dont la faconde irritée reprochait à M. Molé, il y a deux ans à peine, d'avoir avili et *décrié* dans le monde le gouvernement français, et voilà votre réponse à l'odieux Traité du 15 juillet, au bombardement des villes de la Syrie, aux menaces de la Coalition, aux provocations armées de l'Angleterre ! Mais vous n'avez donc pas songé que les quatre puissances étaient là présentes par leurs ambassadeurs ; que ceux-ci allaient recueillir chacune de vos paroles ; qu'ils s'empresseraient de les transmettre à Vienne, à Berlin, à Saint-Pétersbourg, à Londres ; comme un signe assuré de notre *avilissement* ; que leur *audace* en serait accrue ; que leurs *dédains* en seraient plus grands ; et que la France le saurait ; et vous parlez des dangers de la monarchie ! Et vous voyez partout ses ennemis, excepté en vous-mêmes ! Mais il n'y a donc pas au fond de votre cœur une voix qui se soulève et qui vous crie qu'en la dépouillant ainsi de toute dignité, de tout prestige ; en la montrant *faible*, *caduque*, *tremblottante*, c'est vous qui lui portez les coups les plus funestes !...... — M. Guizot a biffé les mots d'*honneur* et de *révolution*, il a bien fait : ce n'est pas à lui qu'il convenait de les écrire. La France, nous l'espérons, les rétablira bientôt dans ses manifestes, et les soutiendra au besoin de son épée. Dès demain, si la Chambre le veut, nos ennemis sauront dans toute l'Europe qu'il faut encore compter avec nous ! »

LE COMMERCE (6 nov.) : — ...... « En résumé, le programme politique du ministère Guizot est une de ces œuvres condamnées dès leur naissance. Rien n'y parle au sentiment national, et il semble *écrit sous la dictée de ces feuilles étrangères* qui à la fois proclament l'impuissance de la France et l'excitent à se jeter dans les voies *de la guerre civile*. Aussi sa lecture a-t-elle produit ce soir dans Paris une profonde impression, une impression de tristesse et d'alarme. Dans la Chambre, son mauvais effet a été presque général ; et, pour tout dire en un mot, à la Bourse même des joueurs de rentes, on en était *confus*.

Cependant, le Ministère de l'Étranger obtient d'abord la victoire en faisant élire son candidat à la Présidence : mais ce n'est qu'à une faible majorité ; et ce résultat, désolant pour l'honneur de la Chambre, ne fait qu'enflammer le courage de la Presse nationale.

SIÈCLE (7 novembre) : — ...... « Les ultra-conservateurs se livrent à la joie. *Hélas ! le réveil sera triste !* Il ne s'agit plus de querelles de partis, de discussions presque métaphysiques, *auxquelles les majorités qui se forment au sein des masses ne comprennent rien ou demeurent indifférentes*. C'est l'honneur de la

France qui cette fois est en cause, *et le pays, plus que la Chambre, est jaloux de son honneur !*

COURRIER FRANÇAIS (7 novembre) : — . . . . . Il paraît bien maintenant que la Chambre avait une majorité pour *tous les ministères* et pour *tous les systèmes*, car le déplacement de soixante voix a porté du côté de M. Guizot la force qui était du côté de M. Thiers. La Chambre aurait *voté la guerre*; elle se prononce pour la paix : mais le pays ne pense pas comme la Chambre. *Les trois pouvoirs peuvent s'humilier de concert*; mais l'opinion publique ne sanctionnera pas ce qu'ils auront fait.

COURRIER FRANÇAIS (7 novembre) : — On accuse le ministère du 1er mars d'avoir abandonné la Syrie aux chances de la guerre, bien qu'on sache à n'en pouvoir douter que le ministère du 1er mars est resté pendant plusieurs jours à l'état de démission, *plutôt que d'accepter la note du 8 octobre*, à laquelle il s'est *résigné* ensuite par un *excès de dévouement*.

COURRIER FRANÇAIS (9 novembre) : — Le discours n'est pas franc ; car il ne dit qu'à moitié ce que veut le ministère, *à savoir la paix à tout prix*. . . . . . Si la France devait tomber aussi bas, les spectateurs penseront que l'on pouvait du moins arranger sa chute plus décemment.

Croira-t-on que ce ministère, qui ne voit dans la Syrie qu'une petite question, ose accuser ses adversaires d'*avoir fardé de paroles fanfaronnes leurs lâches résolutions ?* . . . . . Au moment où le ministère s'est retiré, la France avait épuisé les concessions ; il fallait choisir entre la guerre et l'humiliation. La présence de M. Guizot aux affaires dit assez le choix qu'on a fait. — Le rôle de prophète ne sied à personne ; mais quand un Peuple n'a évité la guerre qu'aux dépens de son honneur, il ne tarde pas à être obligé de la *faire pour sa sûreté*. Oui, la France aura la guerre, c'est notre ferme conviction ; elle l'aura bientôt, et elle y portera toute l'ardeur de ses ressentiments. Il n'est pas sage pour l'Europe d'avoir humilié la France ; car on allume ainsi un incendie qui ne couvera pas toujours sous la cendre.

COMMERCE (9 novembre). . . . . Nous possédons le Ministère de la paix à tout prix, cela est évident; il ne se donne pas la peine, d'ailleurs, de s'en cacher. Le discours de la Couronne était aussi explicite qu'il pouvait l'être à cet égard ; mais les commentaires que le cabinet a publiés deux jours de suite dans le *Moniteur parisien*, ne laissent plus rien à désirer à la conviction de la France. Non seulement le Ministère déclare qu'il veut maintenir la paix, non seulement il ne voit, dans le traité de Londres, rien qui puisse *commander* la guerre, mais encore il n'y a, selon lui, dans ce traité, rien qui puisse *la légitimer*.

Ce mot est expressif, et peint bien toute l'étendue de la pensée ministérielle. Il ne s'agit pas pour le ministère de savoir si la France est en état de lutter contre l'Europe, si la défense de Méhémet-Ali est dans les intérêts de notre puissance. Il va plus loin : en présence de l'agression des quatre puissances, de l'affront qu'il reconnaît avoir reçu, de notre exclusion de la question d'Orient, de notre rejet des conseils de l'Europe, il proclame que nous n'aurions pas le droit de résister à ses iniquités par la force. Quand on attaque Méhémet-Ali, le défendre serait plus qu'une imprudence ; ce serait une injustice ; et la guerre que nous ferions pour nous opposer au Traité de Londres serait un acte *illégitime*.

..... Jamais sacrifice des principes indispensables à l'existence d'une nation n'a été porté à cet excès : c'est l'immolation complète de notre libre arbitre au bon plaisir de l'Europe ; et, s'il n'y a pas en ce moment *légitimité* pour la France à protester par les armes contre les agressions et l'injure du Traité de Londres, il faut effacer le droit de guerre de la liste de nos droits nationaux ; nous ne sommes plus qu'une province de l'Autriche ou de l'Angleterre.

..... Veut-on la preuve de la vérité de ce que nous avançons ? déjà un journal, dont les habitudes n'ont rien d'hostile au pouvoir, l'*Univers*, a rapporté que des *personnages* attachés au gouvernement exprimaient, dès à présent, l'opinion qu'il n'était pas important pour nous que l'Egypte fût indépendante, et qu'il y avait peu d'inconvénients à l'abandonner à l'ambition des Anglais.

Cependant, enhardi par ce premier succès, excité par la Coalition, le nouveau Ministère fait faire en quelque sorte volte-face à l'armée que son prédecesseur échauffait contre l'Étranger, et fait un appel à son dévouement pour la lancer contre les Patriotes, qu'il appelle des ennemis de l'ordre, parce qu'ils chantent la Marseillaise et crient contre les ennemis de la France. — Le Ministre de la justice ressuscite les tyranniques Lois de Septembre contre les Écrivains et les Journaux, tout en reconnaissant l'exaltation que doit nécessairement produire un généreux patriotisme.

CIRCULAIRE *de M. Martin du Nord*. ..... Je suis certain, M. le procureur-général, que vous saurez respecter et défendre, s'il en était besoin, tous les droits de la Presse ; vous saurez également la contenir dans les limites légales qu'elle ne doit pas dépasser. Ce n'est pas dans des moments où les esprits s'exaltent, où les sentiments *nobles et généreux* peuvent être facilement égarés, qu'il serait permis de fermer les yeux ou d'attendre les provocations évidentes du crime, devant des outrages manifestes au Roi ou aux Lois du Royaume.

Mais si le Ministère de l'Étranger veut poursuivre la Presse française, sur les excitations de la Presse anglaise, allemande et prussienne, qu'il ait donc le courage de poursuivre le *Courrier*, le *Constitutionnel*, le *Siècle*, à la parole desquels leur dévouement passé donne une tout autre influence qu'à celle des autres Journaux !... Les poursuivre ne serait qu'un scandale de plus ; mais les épargner pour en poursuivre d'autres n'est-ce pas une révoltante iniquité ? — Aussi le journal de la Cour repousse-t-il lui-même les poursuites :

PRESSE (22 ou 23 octobre) : — Le *National* a tort de nous confondre avec les *Débats ;* non seulement nous n'avons mis à l'index aucun écrit, mais nous désapprouvons hautement ces perquisitions fougueuses et ces poursuites *réactionnaires* qui s'élèvent et passent comme des *bourrasques*. La répression qui s'exerce ainsi n'est pas *efficace ;* elle irrite sans intimider. La répression qui a le caractère de la passion, du caprice, de la violence, qui frappe sans prévenir, qui s'élance ainsi par bonds, au lieu de suivre son œuvre avec impartialité, calme et modération, une telle répression fait plus de mal à la société qu'elle ne lui fait de bien ; elle ôte aux lois plus de force qu'elle ne leur en donne ; elle fait dépendre du pouvoir la justice qui doit lui commander. Nous sommes pour la répression *sévère*, mais nous ne sommes pas pour la répression *colère ;* nous sommes pour la répression *légale*, mais nous ne sommes pas pour la *répression brutale ;* nous ne voulons pas plus qu'on agisse *révolutionnairement* au nom de l'ordre qu'au nom de la Liberté.

Du reste, personne n'a plus d'intérêt que *la Presse* à ce qu'on ne poursuive pas les journaux; car elle aussi a provoqué la guerre, excité l'exaltation nationale... Elle vient même d'exciter à la violation de la Charte, et c'est elle qui a publié cette étrange lettre dans laquelle M. *de Lamartine* aurait dit : « Nous marchons à un 10 *août*, et peut-être à un *démembrement.* » Y a-t-il une idée plus perturbatrice que celle de supposer la France dans l'alternative d'un 10 août ou d'un partage par l'étranger? Et si l'on prévoit un 10 août, c'est-à-dire un mouvement du Peuple entier et de la Représentation nationale, comment peut-on conseiller une si périlleuse résistance au vœu d'une Nation qui ne veut pas tomber sous le joug de l'Étranger?

Cependant les menaces du Ministère n'épouvantent pas le *Courrier Français;* et c'est alors (le 10) qu'il publie son article rapporté plus haut, page 32.

Mais LA PRESSE (11 novembre), changeant subitement de langage, le dénonce, semble demander des poursuites contre lui, et dresse pour ainsi dire son acte d'accusation, en incriminant les articles suivants :

COURRIER FRANÇAIS (8 octobre). — Ce qu'un ministère anglais veut, il le peut; aucune volonté ne s'interpose entre lui et ses devoirs... le consentement de la Reine est acquis. Ici, au contraire, il n'y a pas un seul acte de résolution, si mince qu'il soit, qu'il ne faille arracher de vive force. La note la plus pacifique coûte huit jours de délibérations. Le Gouvernement, tiraillé par deux influences contraires, épuise dans cette lutte tout ce qu'il a de sève et de vigueur. Les conseils se multiplient durant cinq à six heures par jour, et sont presque toujours une bataille sans victoire. Il semble qu'un MAUVAIS GÉNIE s'étudie à ne permettre que les enfantements qui sont des avortements. — (10 octobre.) La Pairie prend décidément une attitude hostile. On parle de vieux Généraux, de ceux qui ont laissé égorger l'Empire et chasser l'Empereur, qui reprendraient pour la circonstance leurs églogues sur les douceurs de la paix. — (25 octobre) : Il est vrai que la retraite du Ministère ayant sa raison dans la résistance de la Royauté aux mesures que semblait exiger la situation de la France, on peut craindre que le respect dû au principe Monarchique ne s'affaiblisse dans certains esprits. Le Ministère ne demandait que le nécessaire ; c'est le nécessaire qu'on lui a refusé. — (28 octobre) : Mais si le Ministère du 1er mars n'est pas responsable, nous dira-t-on, qui pensez-vous donc qui le soit? on nous permettra de laisser cette question sans réponse..... Par le temps qui court, les Ambassadeurs sont les premiers instruits de nos affaires, nous ne les savons qu'après eux. — (29 octobre) : La démission des Ministres signifie que la politique réclamée par le sentiment national a eu beau s'atténuer, qu'elle n'a pas été acceptée.

Le *Courrier* n'en continue pas moins ses attaques :

COURRIER FRANÇAIS (11 novembre) : En abandonnant le Pacha, la France s'abandonne elle-même. Ayant marqué le déclin de son influence en Europe, et surtout dans la Méditerranée, elle prend rang parmi les vaincus. La France représente l'esprit révolutionnaire, et l'Angleterre est l'organe de la *contre-révolution*. Est-ce par sa propre force ou par notre faiblesse qu'elle a réussi? Est-ce une victoire de son Gouvernement ou une *lâcheté* du nôtre? Voilà ce qu'il importe aujourd'hui de savoir..... Lord Palmerston avait besoin de tromper l'opinion publique, en Angleterre, lorsqu'il déclara dans le Parlement que le traité n'était pas dirigé contre la France...... Pour mener à fin la politique modérée et vraie de M. Thiers, il ne fallait que de la fermeté ; les Alliés, au contraire, avaient besoin d'aller jusqu'à l'audace ; mais ils avaient compté, non sans raison, sur le parti qui se fait toujours en France l'auxiliaire de l'Étranger...... Ce n'est pas l'étranger qui nous a désarmés au plus fort du conflit ; c'est le Parti conservateur...... De ce côté est venue la funeste sécurité qui a marqué les premiers mois du Ministère de M. Thiers, alors que personne à la Cour ne voulait croire à la Coalition, et que l'on disait tout haut aux Tuileries : Ils n'oseront pas ! Pendant que les ordres de Minto traversaient la France pour aller chercher jusque dans Alexandrie l'amiral Stopford, on s'écriait encore : Ils n'oseront pas ! Lorsque l'exécution du traité n'a plus été douteuse, on a cru qu'on pourrait effrayer les Puissances, et l'on s'est mis à faire la grosse voix ; le *Journal des Débats* a entonné la *Marseillaise*, et l'on a mis en circulation ce propos énergique d'un Grand Personnage qui n'est pas le Roi : « Il vaut mieux périr sur le Rhin que dans un ruisseau de Paris. » Tout cela n'était pourtant que du bruit ; car, à peine le danger a-t-il paru plus sérieux, que le clairon du Parti conservateur a cessé de sonner la charge ; on a voulu arrêter les armements, affaiblir ou changer le langage de notre Diplomatie. Faut-il s'étonner que ceux qui en avaient la direction aient pensé qu'on ne pourrait pas lutter avec l'Étranger tant que l'on n'avait pas au-dedans une plus grande liberté d'action? Nous le déclarons hautement, la défaite est due uniquement (quoi qu'en disent les lâches du Parti conservateur), elle est due uniquement à la désertion qui s'est mise dans nos rangs. Le Pouvoir, les Chambres, le Pays, se sont divisés en présence de l'Étranger. Il est arrivé ce qui était arrivé en 1815 : désormais la Coalition saura qu'elle peut toujours nous vaincre en ayant recours aux mêmes moyens : elle n'aura qu'à faire *appel à la trahison !*

Cependant le *Journal des Débats*, qui plus qu'aucun autre excitait à la guerre a l'inqualifiable audace de reprocher (le 9) au *Constitutionnel*, au *Siècle*, etc., d'avoir, par leurs cris belliqueux, excité l'exaltation révolutionnaire. — Mais le *Constitutionnel*, ou plutôt *M. Thiers*, lui répond :

Constitutionnel (10 nov.) : — ....Nous répéterons cent fois au *Journal des Débats*, s'il nous y force, qu'il a fait plus de bruit que personne ; que, par ses articles belliqueux, il a plus contribué que personne à l'agitation révolutionnaire dont il se plaint. Car s'il attribuait à tort les articles guerriers de certains journaux à l'influence ministérielle, d'un autre côté, on attribuait les siens à L'INFLUENCE ROYALE (c'était à tort aussi, et la suite l'a prouvé). Néanmoins, cette opinion, répandue dans le pays, a contribué plus que toute autre chose à l'agiter.

Le *Journal des Débats* a vu, dans le Traité, une nouvelle Coalition contre la France; il l'a dit. Ce n'est pas assurément le Cabinet qui le lui a fait dire. Le Cabinet du 1er mars n'a exprimé cette même pensée que beaucoup plus tard dans son *mémorandum*. Il n'en est pas moins vrai que dans le premier instant il a compris la gravité de l'événement.

Les alliés ont poussé leurs mesures agressives contre la Syrie avec une rapidité et une vigueur à laquelle peu de personnes s'attendaient. Cependant, de son côté, l'armement de la France marchait vite. Après le coup de canon de Beyrouth, le Ministère du 1er mars a-t-il été d'avis que la défense du Pacha dût être abandonnée, comme on le dit ironiquement, aux articles belliqueux des journaux? Non. Le Ministère a proposé trois mesures : l'envoi de la flotte française à Alexandrie, la convocation des Chambres, et le grand armement du pays. Ces mesures ont été repoussées. Le Ministère tout entier a donné sa démission, preuve qu'il n'était pas indifférent sur cette question de la Syrie. La crise s'est prolongée plusieurs jours. Après de longues délibérations, les Ministres du 1er mars ont été frappés de l'inconvénient grave qu'il y avait à ce qu'en l'absence des Chambres, ils se séparassent de la Couronne. Ils ont fait taire leur opinion sur ce qu'il y avait à faire au-dehors devant des considérations de politique intérieure. C'est peut-être manque de fermeté. Ce n'est pas manque de dévouement. Et il ne devrait pas entrer dans le rôle du *Journal des Débats* de tirer avantage contre eux de cette concession.

De ce dissentiment est né, comme moyen de transaction, la Note du 8 octobre. Cette Note, on fait semblant de ne pas la comprendre ; on en restreint judaïquement le sens. Cette Note fait porter en effet le *casus belli* sur l'Egypte ; mais elle n'implique nullement l'abandon de la Syrie ; la Syrie est livrée aux chances de la guerre. Cela signifie que, selon que le Pacha aura été plus ou moins heureux, il obtiendra de plus ou moins avantageuses conditions, c'est-à-dire que, comme parle M. de Nesselrode, il aura plus ou moins de Syrie ; mais cela ne signifie nullement qu'il est exposé à être complétement exclu de la Syrie. Jamais le Ministère du 1er mars n'a attaché ce dernier sens à la note du 8 octobre. Et, véritablement, une pareille concession n'était pas compatible avec la politique de ce Cabinet. Comment! il aurait fait de si grands armements, et pour quel résultat? pour obtenir moins que le Traité n'accordait au Pacha. Cela n'était pas possible. Quels que fussent les événements de Syrie, le Ministère était obligé d'obtenir pour le Pacha quelque chose de plus que le Traité. C'était son devoir, et c'était aussi son intention, parce que c'était l'honneur de la France.

Il ne faut donc pas dire que la Syrie a été conquise par les alliés sous le Ministère du 1er mars, et que ce Ministère s'est résigné à assister en spectateur impassible à cette conquête. Le Ministère du 1er mars a voulu s'y opposer et n'a pu faire prévaloir les mesures qu'il proposait ; enfin il ne s'était pas engagé par sa Note à acquiescer tranquillement à cette dépossession complète du Pacha ; il se réservait de regagner par les négociations ou autrement ce qu'on lui aurait pris par les armes. Si d'autres sont décidés à livrer la Syrie entière, qu'ils ne disent pas au moins que c'est là une besogne faite ; elle est à faire ; et le Cabinet du 1er mars leur en laisse tout l'honneur.

Mais, dans les Bureaux, pour la nomination de la Commission de l'adresse, une première discussion s'engage (le 10), dans laquelle les anciens Ministres : Thiers et Rémusat donnent d'importantes explications, que presque tous les journaux rapportent de la même manière. Écoutons!

M. Thiers (5me *Bureau*): — A mon arrivée aux affaires toute union de vues entre la France et l'Angleterre avait cessé; l'Angleterre se trouvait complètement unie à la Russie, à l'Autriche, à la Prusse, dans la question d'Orient; la France se trouvait seule de son avis contre les quatre Puissances; elle avait demandé de la manière la plus formelle et la plus positive l'Égypte héréditaire et la Syrie héréditaire; elle avait même annoncé qu'elle se séparerait complètement de l'Angleterre et des autres Puissances plutôt que de céder sur ce point .... Le parti de l'Angleterre était *irrévocablement pris*..... J'ai considéré la signature du Traité non comme un outrage pour la France, mais comme un très *mauvais procédé* et comme un abandon de son alliance, qu'elle avait le droit de trouver blessant. Cependant ce mauvais procedé n'était pas d'une nature telle qu'il pût provoquer la Guerre..... J'ai cru que la France devait se mettre en mesure d'obtenir une modification dans les résolutions prises à Londres; je n'aurais pas demandé une concession qui fût pour les quatre Puissances une *Humiliation*; mais il fallait *une concession Quelconque*, pour que l'honneur et l'influence de la France fussent sauvés; elle le devait d'ailleurs, par Loyauté, au Vice-Roi, car si *elle ne s'était pas mêlée de ses affaires* au début de ces négociations, il aurait *infailliblement soumis la Porte*, et obtenu d'elle ce qu'il aurait voulu..... Je souhaitais que le Pacha d'Égypte se renfermât dans une défensive vigoureuse; et si cette défensive lui réussissait, même à moitié, la France, se portant comme médiatrice armée, avait chance d'obtenir une concession. Quelque modérée qu'elle fût, pourvu qu'il fût constaté qu'elle était due à la France, *l'honneur de celle-ci m'aurait semblé sauvé*.....

Le bombardement de Beyrouth ne nous a nullement surpris, n'a changé aucune de nos déterminations; mais il a prouvé *encore davantage* qu'il importait de se hâter. Alors j'ai demandé à la Couronne trois choses: 1° de compléter l'armement; 2° de convoquer les Chambres à bref délai pour leur demander le complément de l'armement; 3° l'envoi de la Flotte à Alexandrie pour couvrir cette importante place et soutenir le moral des Égyptiens. Ces propositions ont été *repoussées*. Mes collègues et moi avons donné notre démission. Le duc de Broglie a été appelé: une transaction est intervenue; il a été convenu que les Chambres seraient convoquées le 28 octobre, c'est-à-dire à 20 jours de date; que dans l'intervalle on concentrerait la Flotte sous le commandement des amiraux

Lalande et *Duperré* ; que les préparatifs commencés continueraient ; et que quant aux mesures qui devaient les compléter, on prendrait un parti définitif au moment de la rédaction du discours du Trône. Ce jour-là a été convenu la Note du 8 octobre, qui avait pour but de répondre à l'acte de déchéance du Pacha, mais dans laquelle on était loin d'abandonner la Syrie. Quand on connaîtra le texte Authentique, on ne pourra conserver aucun doute à cet égard. — Il a été convenu encore que le moment de la rédaction du discours de la Couronne étant venu, si la Couronne accordait les propositions du Cabinet, le Cabinet resterait aux affaires, sinon il se retirerait. Cependant les démissions étaient données, mais on est convenu d'en garder le secret. Le moment de rédiger le Discours de la Couronne est venu ; le Cabinet a renouvelé ses propositions, dont la principale était l'achèvement de l'armement général. La proposition du Cabinet n'ayant pas été admise, les démissions ont été irrévocablement données. Ce n'est pas sur une Phrase du Discours de la Couronne, c'est sur l'ensemble du Plan dont il était l'expression que la dissension a éclaté. Le Cabinet ne voulait ni la Paix ni la Guerre à tout prix, mais il voulait, appuyé sur un armement *sérieux*, et surtout complet, négocier pour le Vice-Roi des conditions qui pourraient être plus ou moins avantageuses, suivant que la fortune lui aurait été plus ou moins favorable.

Tels sont les motifs de la retraite du Cabinet ; il ne se plaint point, il n'attaque point ses Successeurs, il se borne à cette simple remarque : c'est que les armements de la France n'étant pas complétés et l'intention de ne s'exposer à la Guerre dans aucun cas étant devenue *manifeste*, il n'est *plus possible* de négocier d'une manière efficace.

M. de Rémusat (3e bureau) dit que l'intérêt commercial et politique de la France l'engageait, ainsi que l'honneur et même les adresses des Chambres, à soutenir le Pacha.

M. Roger, du Nord (7e bureau), dit que le maréchal *Soult* a flétri le Traité de Londres du nom de nouveau *Traité de Chaumont* (par lequel les coalisés de 1814 s'engagèrent à faire la guerre à la France pendant 20 ans).

M. Duvergier de Hauranne (1er bureau), parle dans le même sens. Il rappelle que, à la dernière session, les deux Chambres avaient reconnu et déclaré que le Pacha devait être soutenu ; que le *Journal des Débats* avait été, pendant six semaines, le plus ardent provocateur à la guerre, proclamant hautement que, si le Traité s'exécutait, la France serait déshonorée; que cette provocation du journal le plus pacifique et le plus essentiellement conservateur avait enflammé le pays tout entier; que tout le parti conservateur avait également excité les passions belliqueuses qu'on incrimine aujourd'hui; que cette ardeur guerrière avait subitement cessé le jour où se fit entendre le canon de Beyrouth; qu'ainsi les conservateurs n'avaient fait que jouer une ignoble comédie. — Il ajoute que c'est la France qui a empêché le Pacha d'entrer à Constantinople, et qu'elle avait ainsi pris l'engagement moral de le soutenir, et que d'ailleurs l'indépendance et la puissance de l'Égypte sont nécessaires à l'équilibre européen.

Tous les journaux rapportent les explications dans les Bureaux, et surtout celles de M. THIERS. — Mais les DÉBATS (11 ou 13 novembre) traitent les Ministres *Rémusat* et *Jaubert*, et leur ami *Duvergier de Hauranne*, de *révolutionnaires* (car ce ne sont plus des hommes de rien, mais des *Députés*, des *Pairs*, des *Ministres*, qui se trouvent coupables de sédition et d'anarchie !)... Les *Débats* dénoncent le *Constitutionnel* du 10 (page 56), etc., surtout M. *Thiers*, les accusent d'attaquer inconstitutionnellement le Roi pour s'excuser, et demandent pour ainsi dire la *mise en accusation* de l'ex-Président du Conseil..... Oui, si l'on a du cœur, qu'on mette en accusation celui qu'on déifiait hier, mais qui, s'il y a crime envers la Constitution et envers l'inviolabilité royale, est le premier criminel, pour avoir donné l'exemple du haut de sa Présidence...Car n'est-ce pas le plus révoltant scandale de poursuivre *le National* pour avoir parlé de *la Cour* (on [illegible]end que la Cour veut dire *le Roi*, et que c'est un crime de parler du Roi), quand on ne poursuit ni M. Thiers, ni *le Constitutionnel*, ni *le Courrier*, ni *le Siècle*, quand on ne poursuit ni *les Débats*, ni *le Messager* (page 12), ni *l'Univers religieux* (page 24), qui tous ont parlé du Roi; quand on ne poursuit ni *la Presse* (page 46), ni M. FONFRÈDE, qui provoquent formellement à violer la Charte....? — Écoutez en effet *le Courrier de Bordeaux* :

M. FONFRÈDE, dans le *Courrier de Bordeaux* (rapporté par le

Commerce du 14 nov.) — ...... « Le ministère du 30 octobre, dit M. Fonfrède, né d'une ambassade avortée et de l'isolement honteux de la France, entrant dans l'arène politique avec un discours de la couronne qui ne signifie autre chose que ceci : « Je » n'ai aucun plan ni pour l'Orient, ni pour l'Espagne, ni pour Al- » ger, ni pour la France, ni pour les finances, ni pour quoi que ce » soit au monde, » du premier pas obtient une majorité, qui serait certainement fort imposante si le nombre suffisait pour lui donner de la valeur.. ... — Mais il ne s'agit pas de nous dire d'une voix niaisement triomphante : *Nous avons la majorité.* — Mais dites-nous ce que la majorité fera du ministère, et ce que le ministère fera de la majorité. — Vous n'en savez rien. Le ministère n'en sait rien ; la majorité n'en sait rien. — Nous voilà bien avancés !.....— Vous allez donc retomber en plein dans la malheureuse alternative qui, depuis dix ans, anéantit en France le gouvernement. — Le ministère, ne pouvant, ne voulant et n'osant représenter la volonté du ROI, qui serait UNE et FIXE, et qui, par conséquent, donnerait une direction à l'Etat.... — .... J'ai dit toute ma pensée ; seul, je vous ai dit hautement avec la certitude d'être méconnu et repoussé, que le véritable moyen de délivrer la France de l'anarchie qui l'envahit et la dévore, c'était de rétablir le GOUVERNEMENT DU ROI ; c'était de restreindre la chambre DANS LE CONTROLE DES LOIS ET DES ACTES MINISTÉRIELS, et de ne pas lui déférer la nomination des ministres et la direction du gouvernement.

Ne poursuivre ni cet article, ni les autres journaux, ni M. Thiers, et poursuivre *le National*, est-ce de la justice ? N'est-ce pas proclamer *deux balances, deux poids, deux mesures, l'arbitraire*, par conséquent, le despotisme et la tyrannie ?— Du reste, le *Siècle* répond aux *Débats* :

SIÈCLE (15 novembre) : — *Le Journal des Débats* somme indirectement M. Martin (du Nord) de déployer toute son énergie contre M. Thiers. Rien ne manque à ce document judiciaire que la signature d'un membre du parquet. Et ce n'est pas d'un mince délit que l'ancien Président du Conseil et quelques uns de ses collègues sont accusés : ils ont fait *remonter au Roi la responsabilité* des actes de son Gouvernement ; ils ont *calomnié le Roi* et sa politique pour s'exalter à ses dépens. Comme on le voit, les Lois de septembre trouvent ici leur naturelle application, et rien de plus simple que de traduire au moins M Thiers soit devant la Cour des Pairs, soit devant la Cour d'Assises..... Ce sont les explications directes du *Constitutionnel* du 10 et celles de M. Thiers dans le cinquième bureau, que *le Journal des Débats* dénonce comme une violation coupable du secret des délibérations du Conseil, comme une sorte *d'attentat* contre la Royauté, suivant la définition des lois de septembre.

M. *Thiers*, dit *le Journal des Débats*, a déchiré l'unité du pouvoir en mettant le Public dans la confidence des discussions qui précèdent nécessairement des résolutions importantes ; il rejette la *responsabilité morale* ; il doit être entendu que les Ministres ne signaient que pour la forme, par dévouement, sans répondre de rien, c'est-à-dire que pendant plus de quinze jours la Constitution aurait été suspendue ! Ainsi, continue-t-il, la question est nettement posée entre la Couronne et M. Thiers. On nous apprend qu'il y a deux politiques dans le Ministère du 1er mars : une simple et grande : c'est celle de M. Thiers. Si cette politique n'a pas porté ses fruits, il faut s'en prendre à la *politique de peur et d'humiliation*. M. Thiers a l'honneur de la première, je vous laisse à *deviner qui a l'honneur de la seconde !*

Le Journal des Débats s'élève de toutes ses forces contre cet exposé qu'il appelle *renversement des principes de la constitution*. La Charte, s'écrie-t-il, ne connaît pas de *ministres dévoués*, elle ne connaît que des *ministres* responsables. Tant pis pour vous si le Roi a accepté votre sacrifice ; vous êtes responsables, responsables de tout, de ce qui se fait, et de ce qui ne se fait pas. Vous n'avez plus le droit de dire que vous vouliez envoyer la flotte à *Alexandrie*, ou *mobiliser* la *garde nationale*, sinon la responsabilité des Ministres n'est qu'un mot, et comme il faut portant que quelqu'un soit responsable, *qui donc le sera ?*

Toutes ces maximes sont vraies, nous le reconnaissons sans hésiter. Le dernier Ministère devait compter peut-être sur la gratitude royale, mais puisqu'il restait au pouvoir, il devait répondre devant le Pays, de son langage, de ses actes, de son inaction. C'est ce qui est arrivé. La responsabilité a été et reste fort grave. Les efforts du *Journal des Débats* pour l'aggraver encore, et l'étendre au-delà même de ce qui était juste, prouvent qu'elle devait rester sans compensation... Prenez garde ; avec ces maximes rigoureuses vous aurez bientôt rendu le Gouvernement Constitutionnel impossible ; vous l'aurez bientôt réduit à une domination absolue exercée par le Roi, et secrètement acceptée par les Ministres, ou bien à une lutte ouverte, à une guerre intérieure de tous les jours, de tous les moments, portant sur toutes les questions, et devant précipiter, sans aucun résultat pour le Pays, les changements de cabinet. Que voulez-vous que fassent des hommes convaincus, des hommes de cœur, si, par hasard, ils rencontrent une résistance persévérante à chacun des actes qu'ils se proposent d'accomplir? — se retirer dès le premier refus, dès la première résistance, puisqu'ils doivent répondre de tout? Vous avez raison. Eh bien! les Ministres, depuis 1830, n'ont pas suivi rigoureusement ce système, tant s'en faut! et cependant, nous avons eu à peu près deux Ministères par année. Pensez-vous que ce ne soit pas assez? La France se trouvera-t-elle mieux de vicissitudes plus fréquentes? MM. *Laffitte et Dupont de l'Eure*, après bien des concessions, que sans doute, dans la rigueur du principe, on ne doit jamais faire, se sont éloignés pour toujours des conseils de la Couronne; M. *Casimir Périer* a senti expirer ses forces et son courage dans les luttes qu'il lui fallait soutenir en secret après avoir lutté publiquement contre l'opposition; M. le duc de *Broglie* a passé deux fois par l'épreuve du Pouvoir, et il ne veut plus redevenir Ministre; M. *Guizot*, poussé à bout, avait fini par se jeter dans la Coalition; M. *Passy*, tombé d'abord avec le Ministère des trois jours, ensuite avec le Ministère du 22 février, a porté à la tribune l'expression rude et amère de son désappointement; M. *Thiers* en est à sa troisième démission, et il est traité de nouveau en factieux; M. *Dupin*, qui n'a jamais été Ministre, a déclaré qu'il avait refusé sept fois de l'être, parce qu'il exigeait avant tout l'indépendance des délibérations du conseil : que signifient ces démissions, ces protestations, ces refus, ces retraites volontaires? cela veut-il dire que le Régime Constitutionnel est d'une pratique tellement difficile qu'à peine peut-on se flatter de le voir s'établir solidement en France..? vous ne prenez pas garde aux radicaux qui vous écoutent, qui enregistrent les mécomptes, qui constatent les contradictions, qui tirent les conséquences extrêmes de ce qu'ils voient et de ce qu'ils entendent; qui se prévalent enfin de votre témoignage pour s'écrier tous : « Vous voyez bien que dans ce mécanisme constitutionnel il y a des rouages qui se heurtent, et qu'il faut en venir à l'unité ! »

...... Rien n'avance, rien ne s'affermit; les institutions ne sont pas mieux garanties que sous la Restauration; pas une liberté, qui ne soit, comme alors, entamée ou contestée; vos fureurs contre la presse sont *plus violentes* et aussi plus *aveugles* que celles qui ont dicté au gouvernement de Charles X les ordonnances de juillet; vous n'aimez pas qu'on vous parle du Peuple, parce que *ses besoins vous importunent*, et que vous avez *oublié ses droits* : vous en êtes venus à trouver votre principal gage de sécurité dans une armée de 500,000 hommes!...... — Est-ce cela qu'avait promis la Révolution de 1830? Est-ce une situation tolérable pour un pays comme la France de s'entendre répéter sans cesse qu'il doit tout céder à ses ennemis, sous peine de périr dans les convulsions intérieures? Est-ce prudence et loyauté que de retrancher violemment de la Constitution les hommes et les partis qui ne regardent pas le roi comme le principe et la fin de toutes choses? Est-il vrai qu'il n'y ait que des brouillons, des séditieux, des ennemis du trône, là où vous *n'êtes pas*, et nous aurions le droit de dire, en nous adressant à MM. *Guizot*, *Teste*, *Villemain*, *Duchâtel*, *là où vous n'êtes plus?*...... Il faut que la France soit libre, puissante, honorée. Elle ne l'est pas avec votre système, cela est certain. Interrogez à cet égard toutes les convictions : la réponse sur le fait sera unanime. Aussi voilà le mot de RÉFORME qui s'élève et qui grandit; puisse la *réforme, devenue nécessaire*, rester modérée et ne s'égarer jamais, soit par votre faute, soit par celle des partis, dans la voie redoutable des révolutions!

Quelle hardiesse de discussion! Quelle force! La Liberté ne peut que s'applaudir d'un pareil courage et d'une pareille franchise. — Le *Courrier Français* ne montre pas moins d'énergie, en soutenant que les Ministres ont le droit d'expliquer à la Nation leurs différents avec la Couronne.— Nous ne voulons pas examiner cette thèse : tant qu'il conviendra au Pays de confier à un homme le pouvoir d'influencer les Ministères et les Chambres, et le droit d'avoir des ministres responsables comme les journalistes avaient naguère le droit d'avoir des hommes de paille pour *éditeurs responsables,* le Roi sera constitutionnellement hors de responsabilité : mais les Ministres seront responsables devant les Chambres de tout ce qu'ils autoriseront ou laisseront faire, et les Chambres seront moralement responsables devant la Nation de tout ce qu'elles autoriseront elles-mêmes en donnant des lois et des impôts. C'est aux Députés, aux Pairs, aux Ministres, à se montrer Français, citoyens, *hommes.* Si les Ministres et les Chambres adoptent des propositions funestes au Pays, ils ne peuvent pas plus s'excuser devant lui, qu'un meurtrier ou un incendiaire ne pourrait s'excuser devant un jury sur ce qu'on lui aurait donné le conseil du meurtre ou de l'incendie.

Aussi, le Président du Conseil en mars 1831, M. *Laffitte*, a t il su conserver son indépendance et se retirer plutôt que de tolérer une politique extérieure qui lui paraissait fatale à la France. Son exemple est trop remarquable pour que nous n'en rappelions pas ici les circonstances.

M. *Laffitte* avait solennellement proclamé le principe de *non-intervention* (1), et M. *Dupin*, aujourd'hui très prononcé, dit-on, pour l'intervention en Egypte et pour la paix, avait énergiquement appuyé M. Laffitte (2). *Les Débats* n'étaient pas moins prononcés pour la guerre contre l'intervention autrichienne en Italie.

DÉBATS (1er mars) : — ...... Le principe de non-intervention attend aujourd'hui une nouvelle et plus sérieuse application. — Des secours ont été demandés au gouvernement autrichien par les souverains dépossédés de plusieurs États d'Italie. On parle de traité, de réversibilité, de stipulations, de contingent, qui obligeraient la cour de Vienne à se prêter à *ces exigences*, et il est hors de doute qu'un mouvement de troupes est commencé dans le royaume Lombardo-Vénitien, vers les frontières de Modène, de Parme et de la Romagne. — Ici encore, *il n'y a pas deux partis à prendre pour le gouvernement français*. La présence d'un *seul régiment autrichien* sur le territoire d'une de ces provinces, est une *violation flagrante du principe* de la non-intervention. *La France ne peut y consentir*. — C'est ici plus qu'une question d'équilibre ou de prépondérance ; c'est l'avenir tout entier de notre révolution. — *Songeons qu'elle ne vit en Europe que du maintien du principe* qu'elle a proclamé la première, et que les autres puissances ont proclamé après elle. Elle n'a pas cherché sa force dans les accroissements de territoire, elle l'a trouvée dans le respect pour l'indépendance des autres nations. — *Une seule atteinte portée à ce respect*, *et* LA FRANCE S'EXPOSE A PERDRE L'ESTIME ET LA CONFIANCE DE L'EUROPE.

Cependant, l'ambassadeur d'Autriche, M. *d'Appony* (3), ayant, dans le courant de février, demandé le consente-

(1) Voyez ma 6e lettre sur la crise actuelle, page 25.
(2) *Ibid.*
(3) Tous ces faits sont extraits d'un paragraphe non incriminé d'un ouvrage acquitté par le Jury, *la Révolution de 1830.*

ment du Cabinet français pour l'intervention autrichienne en Italie, en invoquant un prétendu droit de réversibilité sur Modène, en promettant une Constitution et le désarmement (vaines promesses!), et le Roi manifestant, comme il en avait le droit, une opinion conforme, M. *Laffitte* s'y opposa formellement, et tout le monde déclara qu'on se rendait à son avis. L'Autriche, encouragée peut-être secrètement par quelque Ministre, n'en persista pas moins dans son projet d'intervention, et donna à plusieurs régiments l'ordre d'entrer à Modène. — Aussitôt, l'ambassadeur de France à Vienne, le maréchal *Maison*, envoya à Sébastiani, ministre des affaires étrangères, la *dépêche* suivante :

DÉPÊCHE du maréchal *Maison* : — « Jusqu'ici, m'a dit M. de *Metternich, nous avons laissé* la France mettre en avant le principe de la *non-intervention ;* mais il *est temps qu'elle sache* que nous n'entendons pas le reconnaître en ce qui concerne l'Italie. Nous porterons nos armes *partout où s'étendra l'insurrection*.... Si cette intervention doit amener la guerre, eh bien ! *vienne la guerre!* Nous aimons mieux en *courir les chances*, que d'être exposés à périr au milieu des *émeutes*.

» Vous savez, ajoute l'ambassadeur, que jusqu'à présent personne ne s'est prononcé pour la paix plus ouvertement que moi ; mais je suis convaincu aujourd'hui que, pour détourner les DANGERS *qui menacent la France*, il faut prendre, *sans retard*, et avant que les levées de l'Autriche soient organisées, *l'initiative de la guerre*, et jeter une armée dans le Piémont. »

Le maréchal *Maison* était si convaincu que la guerre allait commencer qu'il prit sur lui d'écrire directement au général *Guilleminot*, ambassadeur à Constantinople, et de l'engager officieusement de déterminer la Porte à envoyer 200,000 Turcs en Pologne.

La dépêche arriva à Paris le samedi 4 mars. On conçoit son importance, son urgence ! Le devoir du Ministre était de la communiquer immédiatement au Président du Conseil, qui l'aurait communiquée au Conseil et au Roi. Mais le général *Sébastiani* la communiqua immédiatement au Roi et à M. *Bertin de Vaux* (à qui M. *de Praslin*, gendre du

Ministre, en remit une copie écrite de sa main), sans en parler, pendant quatre jours, ni au Président ni au Conseil. Le mardi 7, M. X..., qui avait vu la copie remise à M. Bertin, vient avertir M. Laffitte qu'il était trahi, tandis que M. Y... avait déjà fait connaître la dépêche au *National*, qui en parlait. M. Laffitte se hâta de convoquer le Conseil, et rencontrant d'abord le maréchal *Soult*, Ministre de la guerre, lui demanda s'il connaissait la *dépêche*. — Non, répondit-il. Il y a un TRAITRE! — Puis, M. Laffitte alla trouver le Roi, se plaignit de la trahison de son collègue subordonné, et insista vivement pour savoir du Roi s'il connaissait la dépêche. Sur la réponse affirmative, M. Laffitte déclara qu'il voyait bien que l'opinion du Roi et de ses collègues était de souffrir l'intervention de l'Autriche, mais que sa conviction et sa conscience étaient que l'honneur et le salut de la France exigeaient la guerre plutôt que de tolérer l'intervention autrichienne, et qu'en conséquence il donnait sa démission. Toutes les séductions des protestations d'une tendresse royale furent vainement essayées sur une âme long-temps enchantée et sur un esprit long-temps fasciné. Tout ce que purent obtenir de son dévouement les instances les plus vives, ce fut qu'il restât quelques jours. Mais tous ses collègues (MM. *C. Périer*, *Soult*, *Sébastiani*, *Montalivet*, *Louis*, *Barthe*, *Mérilhou*, *d'Argout*, même *Thiers*) se prononçant pour l'opinion du Roi, pour l'intervention autrichienne et la paix, M. Laffitte persista dans sa démission comme dans sa conviction. — Nous n'examinerons pas si l'intervention était ou n'était pas l'entrée dans ce fatal système de concessions et de paix à tout prix dont l'intervention en Pologne, en Belgique, en Egypte, à Alger peut-être, n'est que la conséquence et la répétition; nous n'examinerons pas si les autres Ministres ont agi par des motifs d'ambition ou par conviction personnelle; nous admettons même cette dernière hypothèse: dans ce cas, tout est dans l'ordre, chacun joue son rôle; le Roi peut certainement avoir et exprimer une opinion sur la paix ou la guerre; les Ministres qui veulent la paix avec lui peuvent certainement rester au Ministère; et M. Laffitte qui se trouve seul d'une opinion contraire, remplit son devoir en résistant à ses affections personnelles comme à toutes les séductions des protestations d'amitié pour déposer sa démission : mais les Ministres qui restent sont essentiellement *responsables* de leur approbation, ou de leur conseil, ou de leur obéissance à la Couronne ; et quelle n'est pas la responsabilité envers la France et l'histoire pour ceux des Ministres qui auraient trompé et trahi le Président du Conseil, sacrifié leur conscience et le pays à une servile ambition, et commencé ce malheureux système dont la France déplore aujourd'hui et déplorera peut-être à jamais les conséquences !

Pour en revenir à la question actuelle, M. *Thiers* est donc incontestablement responsable ; et les Chambres elles-mêmes ont une immense responsabilité morale. Aussi, *le Commerce*, etc., rappellent-ils aux Députés les engagements pris par eux dans leurs *Adresses* :

ADRESSE de 1834 : — . . . . . . La France accueille avec une parfaite gratitude l'assurance que Votre Majesté lui donne du maintien de la paix générale, si important à la prospérité de la paix intérieure et au développement de la civilisation ; mais la paix cesserait d'être un bienfait pour le pays, si elle blessait ses droits et sa dignité ; vous ne l'accepterez jamais à un tel prix, Sire, nous le savons. Un peuple qui n'a jamais craint la guerre et qui a fait tant de sacrifice pour s'y préparer, ne peut être heureux que d'une paix qui ne coûte rien à son honneur.

ADRESSE de 1840 : — . . . . . . « Dans ces graves circonstances, la position de la France est grande et désintéressée ; sa politique reste invariable. Elle ne *souffre pas qu'aucune* puissance européenne menace l'*Indépendance* ou l'intégrité de l'empire Ottoman, dont l'existence est nécessaire au maintien de la paix générale ; mais en appuyant des droits consacrés par le temps, elle tient compte des événements et *n'abandonne pas les droits nouveaux*. Le traité qui consacrera des droits si divers doit être *équitable* pour assurer à tous une durable sécurité. »

Mais revenons au nouveau Ministère Guizot et Soult,

qualifié *Ministère de l'Étranger*, et voyons les journaux anglais et allemands. — Cependant, voyons d'abord l'opinion du journal *le Peuple*.

JOURNAL DU PEUPLE (16 août) : — En voyant ce qui se passe depuis quelques jours, nous persistons à dire plus que jamais : Non, nous n'aurons pas la Guerre, parce que le Château ne veut pas, n'a pas le courage de vouloir la Guerre..... Celui qui a le droit de déclarer la Guerre est un homme prudent, et qui n'entend se servir de ce droit que lorsque les circonstances lui paraîtront graves. Si le temps ne lui a pas paru menaçant, il n'avait pas à déclarer la Guerre, vous le savez bien ; et le sachant, pourquoi êtes-vous venu troubler les uns, enflammer les autres ? Tenez, il faut bien que vous l'appreniez : savez-vous ce qui se dit partout depuis quelques jours ? c'est que vous avez fait les fanfarons pour faire croire à la Guerre, et que vous avez voulu faire à la Guerre pour agioter en grand, pour refaire des fortunes étourdiment dissipées, pour piper à la Bourse les pauvres petits rentiers, qui sont là, au milieu de vous autres, dit-on toujours, aussi peu en sûreté qu'à la forêt de Bondy. — Vous auriez donc fait comme ces industriels qui, à l'aide de la frayeur qu'ils jettent dans les grandes réunions, dévalisent ceux qu'ils ont effrayés. Le tour fait, le tumulte cesse. Les uns sont enrichis, les autres ruinés, et tout est dit. — Pourquoi ces rumeurs et non pas d'autres ? c'est que nul ne peut manquer à son instinct, et le vôtre, messieurs, celui de la pensée qui gouverne la France depuis dix ans, est non pas de vous battre, mais de gagner de l'argent, beaucoup d'argent, le plus d'argent que vous pouvez. Autrefois les serviteurs de la Monarchie se battaient bravement, aujourd'hui ils gagnent de l'argent ...

JOURNAL DU PEUPLE (30 août) : — La hardiesse des Puissances à exécuter le Traité de Brunow est pour nous la confirmation la plus éclatante qu'elles avaient reçu l'assurance positive que notre Gouvernement se bornerait à faire quelques démonstrations sans conséquence, qu'on chercherait par tous les moyens possibles à nous endormir, pendant qu'elles mettraient le Pacha à la raison..... Le nouveau Ministère, si l'intrigue réussit, viendra nous dire qu'il est arrivé trop tard ; qu'il en gémit, mais qu'il faut se soumettre aux faits accomplis..... Nous deviendrons la risée de l'Europe. Eh ! qu'importe ? La politique du Château aura triomphé.

N'est-ce pas une suffisante compensation? — Un secret pressentiment nous dit cependant que tant de lâchetés ne s'accompliront pas sans que la France n'intervienne elle-même, malgré ce pouvoir occulte qui la paralyse actuellement. Oui, nous en avons l'espoir, elle interviendra pour faire rentrer dans la poussière ces orgueilleux et cupides Pygmées, qui cotent à la Bourse l'honneur de la Nation, pour en trafiquer par l'agiotage, qui est l'industrie des grands voleurs; elle interviendra avec son droit, sa force, sa propagande; et son honneur sera vengé, et le sort des peuples sera réglé selon les prescriptions de l'éternelle Justice.

JOURNAL DU PEUPLE (18 octobre): — Quand il s'agit de guerre, comme aujourd'hui, par exemple, les libéraux parlent d'honneur à venger, de gloire à conquérir, bien que résolus de faire toutes les concessions possibles pour l'éviter, et ils l'éviteront s'ils sont convaincus de n'être point atteints dans leurs priviléges, et ils boiront la coupe de la honte jusqu'à la dernière goutte, si les Puissances leur garantissent la possession du pouvoir, source de toutes les jouissances pour eux. Lorsque les démocrates demandent la Guerre, qu'ils ont toujours considérée comme une bien déplorable nécessité, ils n'ont en vue que les intérêts de la Civilisation et les Progrès du monde menacés par la Sainte-Alliance; et persuadés que la France est le représentant et la sauvegarde des droits de l'Humanité, ils veulent qu'elle soit forte et honorée, pour que son action émancipatrice soit incessante et sûre. — Vous avez cédé sur Adana, et on ne vous a pas écouté; vous avez cédé sur Candie, et on n'a pas eu l'air d'y prendre garde; vous avez cédé sur les villes saintes, et on a méprisé vos concessions; enfin, vous avez cédé sur la Syrie, et l'on vous a insolemment répondu qu'on réglerait ces affaires sans vous et contre vous. Et tout cela, certes, était bien prévu. Vous avez fait aux Diplomates étrangers tant de lâches concessions, qu'ils ont dû penser avec juste raison que vous n'étiez pas à bout d'en faire. Et ils ne se sont point gênés; et ils vous ont traité comme on traite d'ordinaire les poltrons et les imbéciles. Le traité du 15 juillet est là pour le prouver.

Donc, après s'être montrés simples jusqu'à la bêtise et conciliants jusqu'à la lâcheté, nos Ministres ont voulu sortir de leur torpeur habituelle; car la convention de Brunow a révélé à la France que les haines de 1815, qui n'étaient qu'assoupies, venaient de se coaliser de nouveau contre elle. Et ils ont dit que cette convention était une sanglante injure contre notre nation, et ils ont fait répéter tous les matins par leurs journaux que la première démonstration sérieuse contre Méhémet-Ali serait le signal d'une guerre à outrance, parce que l'exécution du Traité serait la déchéance de la France... et les Puissances étrangères, sans déclaration de guerre, ont fait de Beyrouth un monceau de ruines, rasé Caïffa, pris Djunia, Djebail, Séide, Tripoli, insulté notre Pavillon bombardé Saint-Jean-d'Acre, bloqué Alexandrie, proclamé la déchéance de Méhémet-Ali, notre allié, que nos Ministres avaient promis de soutenir...

Ah! répétons-le sans cesse, lorsque vous parliez de l'intégrité de l'empire Ottoman, vous mentiez; lorsque vous nous avez dit que vous ressentiez l'injure faite à la France, et que vous en auriez raison, vous mentiez; lorsque vous nous avez promis que vous sauriez défendre nos intérêts, vous mentiez; lorsque vous nous avez assurés que vos préparatifs militaires empêcheraient l'exécution du Traité, vous mentiez; lorsque vous nous avez juré que si Méhémet-Ali était attaqué, vous feriez une guerre à outrance, vous mentiez. Eh bien! la convocation des Chambres est encore un mensonge. Et qui pourrait croire que vous les eussiez convoquées, si vous n'aviez la certitude que d'ici là la ruine de Méhémet-Ali aura acquis la force des faits accomplis que vous savez si bien respecter, ou que vos intrigues, opérant sur l'Egoïsme et la Pusillanimité des censitaires qui n'ont de culte que pour le veau d'or, parviendront à étouffer l'enthousiasme de la France, et à comprimer sa trop juste impatience à venger son honneur outragé, à défendre sa Révolution menacée et peut-être compromise par des manœuvres qui réussiraient infailliblement, si un jour elles pouvaient s'appuyer sur les fortifications de Paris?

Voyons maintenant les journaux étrangers :

MORNING HERALD (fin d'octobre) : —...... MM. Soult et Guizot qui ne désirent que la paix peuvent hasarder en toute sûreté quelque expression pompeuse pour satisfaire l'opinion et donner au Roi une position convenable devant les Chambres.

TIMES (fin d'octobre) : —..... Le moment est venu de passer le *Rubicon*, il faut dédaigner les menaces de la France et rabaisser son esprit.

COURIER ANGLAIS (rapporté le 12 novembre) : —..... La position du Ministère Soult-Guizot n'est pas tellement affermie qu'elle pût résister au choc d'une *nouvelle offense* faite à l'orgueil national ou à la vanité de la France. *Nous devons à M. Guizot qui* s'est courageusement jeté dans le gouffre béant, et qui a risqué sa popularité et sa réputation pour éviter une guerre universelle, quelque témoignage signalé de dédommagement et d'estime. Il ne serait pas bien que ce patriote dévoué tombât victime de ses sympathies en faveur de l'alliance anglaise.

Ainsi, M. Guizot est d'autant plus estimé de l'Aristocratie anglaise qu'il est plus impopulaire en France et plus déshonoré.

Le SIÈCLE du 1er novembre se plaint vivement des journaux de Londres qui engagent le Gouvernement à *mitrailler la canaill* et osent lui dire *qu'il vaut mieux canonner les Parisiens que l'ennemi.*

TIMES : — Il est du devoir de la *Grande-Bretagne et de ses alliés de seconder les efforts du Ministère Guizot.* — La Syrie rentre sous l'obéissance du sultan. Cette circonstance est très favorable à M. Guizot. Si l'Angleterre peut sans compromettre l'objet essentiel du traité *contribuer à l'entrée* aux affaires de cet homme d'État ou à le *maintenir* au pouvoir, lord Palmerston serait bien aveugle s'il épargnait ses efforts pour *seconder* honorablement et avec efficacité le nouveau Ministère. . . . . .

STANDARD : — La démission du Ministère Thiers produira un changement notable dans la disposition de l'Europe à l'égard de la France. Les peuples menacés par la France nourrissaient contre elle un ressentiment profond. On pardonnera volontiers à M. Thiers es folies auxquelles il s'est laissé entraîner par égard pour le *Roi qui les a repoussées ;* tout ce que la France peut raisonnablement demander, et même plus, tout ce qui pourra être accordé sans compromettre l'honneur et la sécurité des nations, sera spontanément accordé pour la consolidation d'un trône qui est la garantie de la liberté du monde. On se conduit envers un *ami généreux* autrement qu'envers un ennemi qui vous insulte. Tout ce que les nations auraient dédaigné d'accorder à *l'insolent incendiaire* que le roi a renvoyé et puni, elles presseront le roi de l'accepter. Il est bon que la France sache tout ce qu'elle doit au caractère de son Roi. Toutefois ne nous hâtons pas de compter sur une déclaration pacifique de la part du Gouvernement français, vu l'effervescence qui règne en France. Aujourd'hui le ministère nouveau sera tenu de *temporiser*. Un changement de ton brusque de la part de la cour serait *dangereux* et irriterait la *populace égarée ;* il faut user de *prudence* pour prévenir une catastrophe : en attendant, qu'il nous suffise de savoir que l'on a *tourné la difficulté*, et que l'Europe est rentrée dans une voie sûre. On s'est rendu *maître de l'incendie ;* ne nous plaignons pas s'il s'échappe un *peu de fumée* de ses cendres.

Journaux anglais. **TIMES, STANDARD, MORNING-ADVERTISER, CHRONICLE, GLOBE** (rapportés par le **SIÈCLE** du 10 novemb.) : — . . . . . . Le discours de la couronne de France est plus pacifique qu'il n'était permis de l'espérer. Il satisfera les *amis de la paix*, non seulement en Angleterre, mais dans toute l'Europe. Le *Times* ne doute pas que la politique suivie par le nouveau cabinet ne suscite à la France *trop d'affaires chez elle* pour qu'elle puisse s'occuper de l'Espagne...... Le *Morning-Advertiser* félicite le roi d'avoir eu le courage de devenir un moment *impopulaire* et de *s'exposer* dans l'intérêt du système de la paix aux conséquences *des commotions intérieures*...... Si le *Globe* ne loue pas le discours autant qu'il le voudrait, c'est qu'il sait que les éloges sont toujours suspects dans la bouche des *étrangers:* il n'est pas possible, dit-il, de rencontrer plus de *prudence* et de *fermeté* que dans le discours du roi des Français.—Le *Chronicle* injurie la France, jette à pleines mains de la boue à la Révolution, et convient que le discours du roi est fait pour causer une *grande joie en Angleterre*.

La marine anglaise, ajoute-t-il, *a conquis la Syrie* ; la France n'a plus rien à objecter contre l'exécution du traité ; lord Palmerston a rétabli l'intégrité de l'empire Ottoman. Gloire lui soit rendue !

Ecoutez l'organe de la Diète Germanique :

JOURNAL DE FRANCFORT (rapporté le 11 novembre) : — » Nous avons parlé hier de la nécessité où se trouve le Cabinet du 30 octobre, de dire à la tribune la vérité, et toute la vérité, sur la situation, par rapport au Traité du 15 juillet, et de trancher franchement devant les Chambres la question qui s'y rattache. Aujourd'hui, nous croyons devoir insister plus que jamais sur l'importance de cet avis. Les correspondances que nous avons reçues hier de Paris, nous apprennent qu'il est à craindre que dans la question extérieure surtout, le nouveau Cabinet ne tente *un juste-milieu* entre l'opinion de M. Thiers et celle des conservateurs. Une circonstance confirmerait assez les appréhensions de nos correspondants. Le *Journal des Débats* fait entendre très clairement que M. Guizot continuerait la politique des notes de M. Thiers, ou, en d'autres termes, que M. Guizot battrait M. Thiers avec les notes de M. Thiers.

» Sans doute, il ne manquera pas de gens pour applaudir à l'habileté d'une pareille tactique; mais ce ne sera pas nous. Nous sommes, au contraire, profondément convaincus qu'on ne se tirera pas à aussi bon compte du gâchis dans lequel on est entré; nous sommes convaincus qu'il faut de la *netteté* dans la conduite et dans le langage pour rendre au Gouvernement français toute la liberté d'action que les partis lui ont enlevée dans la question extérieure. Si donc M. Guizot donne à son Cabinet la direction que le *Journal des Débats* et la polémique de la Presse semblent indiquer, nous osons le lui prédire hardiment, *il n'ira pas loin.* En effet, s'il est en politique un système qu'on puisse appeler immoral dans son principe, et toujours stérile dans ses résultats, un système qui a été de tout temps en France funeste à ceux qui l'ont pratiqué, à partir de M. Decazes jusqu'à M. Molé, c'est certainement le système de bascule.

» La première besogne du Cabinet actuel, si nous avons bien compris sa mission, *c'est de dompter les factions*, en leur enlevant le moyen d'exploiter désormais la question extérieure à leur profit. Pour cela, il faut que le Cabinet fasse prendre au Gouvernement une attitude bien dessinée vis-à-vis des *Cabinets étrangers* et vis-à-vis des Chambres.

» Le traité du 15 juillet ne touche ni à l'indépendance de la France, ni à l'équilibre européen, et il n'altère en aucune façon les rapports de la France avec les autres cabinets. Il n'a été conclu sans le concours de la France que parce que le gouvernement français d'alors a voulu lui-même se séparer des puissances, surtout par rapport à son exécution. Ce sont là des vérités incontestables qu'il faut reconnaître hautement à la tribune; c'est là le vrai terrain sur lequel le nouveau cabinet doit se placer. De plus, il est de toute nécessité qu'il ne recule pas devant l'intime conviction que ses membres doivent avoir acquise; que les puissances ne veulent que la paix avec la France, qu'elles ne songent nullement à dépouiller le sultan, ni même à toucher à la position du pacha d'Egypte, pourvu que celui-ci accepte franchement le traité du 15 juillet et le titre de vassal de la Porte ottomane. Sans ces éclaircissements sur la portée et le but du traité en question, le cabinet ne saurait trouver par devers lui le moyen de déclarer désormais *inutiles les armements* que l'on a entrepris et poursuivis jusqu'ici sous les prétextes les plus frivoles. Or, *sans la cessation des armements*, point de possibilité au ministère de rétablir la *tranquillité intérieure* en France et de RÉPRIMER *les excès des factions*. Hé quoi! Ministres du 30 octobre, vous voudriez prendre, à la tribune, le même ton belliqueux que vos prédécesseurs! Vous voudriez prétendre que l'isolement que la France s'est donné à elle-même est un outrage qu'on lui a fait! Vous voudriez continuer ces jeux de *casus belli* plus vains les uns que les autres! Vous voudriez vous déclarer pour la continuation des armements, en feignant envers les puissances une défiance que vous *n'éprouvez pas intérieurement!* Mais alors, ne seriez-vous pas les continuateurs purs et simples du 1er mars? Mais alors, vous ne voudriez donc *jamais en finir avec votre* Marseillaise *au théâtre, avec vos rassemblements dans les rues,* ni avec la polémique *incendiaire de votre presse sur la question extérieure?*

» Le Traité du 15 juillet est presque déjà un fait accompli. Il sera désormais l'une des bases DU DROIT PUBLIC EUROPÉEN ; et une fois exécuté, le bénéfice vous en revient comme aux autres puissances, et *vous le savez bien,* PLUS QU'A ELLES ENCORE ; et vous vous refuseriez de dire à la tribune que vous *consentez à son exécution!* En vérité, cela ne serait ni d'une politique loyale, ni d'une politique éclairée. Il y a plus ; en appelant à votre aide cette sorte de faux-fuyants, et en flattant mal à propos l'orgueil national, vous succomberez, à coup sûr, dans la lutte que vous avez appelée vous-mêmes une *bataille désespérée.* Ne vous placez donc pas dans une position qui vous ferait trembler au moindre mouvement du télégraphe de Marseille ou à l'arrivée de chaque bateau à vapeur venant de l'Orient. *Que M. Guizot prenne la même nette position* qu'il sut se donner le 6 septembre, lorsqu'il reconnut la nécessité de se soustraire au joug du télégraphe de Bayonne, en déclarant ouvertement qu'il n'interviendrait pas en Espagne, quoi qu'il arrivât au-delà des Pyrénées.

» En s'adressant franchement aux Puissances, le Cabinet du 30 octobre saura bientôt à quoi s'en tenir sur l'extension qui doit être donnée à l'exécution du Traité du 15 juillet. Qu'il se rallie donc aux Puissances pour hâter, par son ascendant moral à Alexandrie, la solution de la question. M. Thiers, tout en déclarant qu'il ne serait point le médiateur entre les Puissances et le Pacha, en avait néanmoins entrepris le rôle, mais d'une manière qui n'était guère de nature à faire ouvrir au vice-roi les yeux sur ses vrais intérêts. *Que M. Guizot accepte cette noble mission,* en suivant toutefois une autre marche. Qu'il se montre FRANÇAIS et EUROPÉEN et non Égyptien à Alexandrie ; qu'il déclare au Pacha qu'il ne le soutiendra en Égypte *qu'au prix de son entière adhésion au Traité du 15 juillet.* ALORS MÉHÉMET-ALI SE SOUMETTRA ; et le cabinet du 30 octobre aura terminé la question orientale d'une manière conforme *aux intérêts généraux européens,* en même temps qu'il sortira victorieux à la tribune de la première épreuve qui va décider de son existence. »

Ecoutez encore le *Journal de Francfort.*

« La mission du général Grollmann pour Vienne, suspendue provisoirement par la nouvelle de la crise ministérielle en France, a été ajournée indéfiniment par la nouvelle de la formation du ministère Soult-Guizot. La première démarche du nouveau cabinet français a été de protester contre les intentions belliqueuses que l'on supposait à la France sous le ministère démissionnaire, et de donner aux ambassadeurs étrangers résidant à Paris l'assurance que le maintien de la paix en Europe était la devise du cabinet du 29 octobre.

» Ces ouvertures faites par M. Guizot au baron Arnim, notre ministre plénipotentiaire près de la cour des Tuileries, ont été immédiatement transmises par celui-ci au cabinet de Berlin, qui a arrêté qu'il fallait attendre que la position du nouveau ministère français vis-à-vis les chambres pût se dessiner d'une manière précise, avant de répondre à ces ouvertures. En attendant, M. de Grollmann, qui devait partir pour Vienne, prend part à la commission extraordinaire nommée par le roi pour établir un plan de défense générale de toute l'Allemagne contre l'éventualité d'une invasion française par les frontières du Rhin.

» Au nombre des mesures préventives adoptées par cette commission, il faut compter le départ des commandants-généraux Thile, Pfuel et Nostiz, chargés d'organiser leurs corps respectifs sur le pied de guerre. Mais ce qui a fait la plus grande sensation chez nous, et qui prouve l'intention sérieuse de notre cour de prendre une attitude belliqueuse par rapport à la France, c'est qu'hier le général Hayde, commandant la 11e division de réserve, a reçu l'ordre de partir immédiatement pour Breslau. Ce fait n'est que le prélude de l'appel général et prochain de toute la landwehr. »

Il faut bien le remarquer, dit le *Commerce*, les gouvernements d'outre-Rhin n'arrêtent pas leurs armements, et ils nous font signifier par le *Journal de Francfort* que nous devons suspendre les nôtres.

Nous ne cesserons de signaler tout ce que cette attitude a de menaçant pour notre indépendance. Si les chambres n'en tiennent pas compte, nous aurons fait notre devoir, et le pays, du moins, sera averti.

Toutes les nouvelles de Bavière s'accordent à annoncer que le rappel des semestriers sous les drapeaux s'opère avec activité. Plusieurs régiments doivent renforcer la garnison de Landau, où l'on a déjà envoyé des renforts d'artillerie. La garnison de Wurtzbourg sera augmentée de trois régiments de chevau-légers. La 3e division de l'armée bavaroise sera bientôt au complet, *et pourra se mettre en marche*. La *Gazette d'Augsbourg* nous apprend en outre que les États de la Confédération *ont accueilli avec empressement* l'invitation de s'armer qui leur a été faite par le gouvernement prussien.

C'est l'attention portée sur ces faits que nos députés doivent voter l'adresse. Ils comprendront peut-être alors si le moment est venu de faiblir.

Le *Journal de Francfort* poursuit avec persévérance ses conseils, nous pourrions dire ses injonctions au ministère Guizot. Ce n'est pas assez des directions sur la politique extérieure, il lui fait la leçon sur la politique intérieure. Les lois de septembre, les victoires remportées sur l'émeute ne peuvent suffire au gouvernemen pour *la résistance*, qui est sa condition forcée. *Il faut changer la base électorale*; il faut que le gouvernement crée dans la chambre *une droite* qui lui serve d'appui : si le gouvernement représentatif est possible, il ne l'est qu'à l'aide des éléments aristocratiques. Tout cela n'a pas besoin de commentaires.

La feuille allemande n'est, du reste, pas moins satisfaite que la presse anglaise du discours du trône. Elle loue surtout M. Guizot d'avoir mis de côté tout esprit belliqueux, et de n'avoir pas voulu *donner une fausse apparence à la véritable situation des choses*:

Gazette d'Augsbourg.—La *Gazette d'Augsbourg* (dit le *Commerce*, du 14 nov.) qui ne croit pas, comme le *Morning Chronicle*, que l'affaire de Syrie soit terminée, envoie à ses abonnés un plan de cette contrée qu'elle suppose devoir être au printemps prochain le théâtre d'une grande lutte dans laquelle *il faudra bien*, dit cette feuille, *que la France entre en lice*. « Le théâtre de la guerre s'agrandira, dit la feuille allemande. Méhémet-Ali fera ses derniers efforts; on soulèvera l'Asie-Mineure; les Russes arriveront d'Erivan et d'Odessa, et la dernière heure de l'empire turc chancelant ne tardera pas à sonner, car il faut que sa ruine amène la fin de la lutte actuelle. De l'Indus à la Méditerranée tout est en dissolution, et ce sont les Européens qui décideront. Le nœud se complique de plus en plus, et la guerre une fois commencée, on ne sait où elle s'arrêtera. »

Il est certain que les dernières nouvelles de l'Inde, même telles que les donnent les journaux anglais, annoncent un redoublement d'ardeur dans la lutte, et que dès qu'on saura dans ces contrées que l'Angleterre doit guerroyer à la fois en Syrie, en Chine, et peut-être contre la France, bien des haines étouffées pourront se raviver. Un gouvernement habile avait bien des moyens d'agir sur l'Angleterre, et lord Palmerston, en signant le Traité du 15 juillet, pouvait se perdre; mais il savait à qui il avait affaire.

Y a-t-il, dans ces journaux étrangers, assez de mépris et d'outrages contre la France!

Cependant M. Guizot, faisant pour ainsi dire cause commune avec eux, repousse la politique personnelle de M. Thiers (dont il consentait à être l'agent), et cherche à le flétrir dans le *Moniteur Parisien* en l'accusant d'avoir *fardé de paroles fanfaronnes ses lâches résolutions.* — Mais il adopte la Note du 8 octobre, qu'on a dit contenir l'opinion approuvée par le Roi, sans réfléchir que cette Note, si remplie de concessions, contient cependant un engagement de faire *la guerre* si l'on veut détrôner le Pacha.

Néanmoins, les événements marchent; les Alliés conquièrent le littoral de la Syrie, soufflent la division, la trahison, l'insurrection, jusque dans l'Egypte; on parle de possibilité d'empoisonnement du Pacha, tandis qu'il accuse le Gouvernement français de l'abandonner et de le trahir, et que Palmerston le menace et se moque de la France, même de M. Guizot, dans une nouvelle Note en réponse à celle du 8 octobre.

NOTE PALMERSTON (2 novemb.) : —...... Le gouvernement anglais, dit-elle en substance, voit avec la plus vive satisfaction que M. Thiers, nonobstant quelques divergences d'opinion avec les puissances européennes, seulement sur les affaires de détail, est d'accord avec elles sur les *principes fondamentaux* qui doivent régler la conduite de toutes les grandes puissances. Toute rupture de la paix est par là impossible. Le gouvernement anglais félicite ironiquement M. Thiers de ce qu'il a accepté avec une *fidélité religieuse* les traités de 1815; un arrangement, dit-il, qui a pour but d'empêcher que l'Égypte et la Syrie ne soient détachées de l'empire Ottoman, est exactement conforme à cette opinion, et aussi bien d'accord avec sa lettre qu'avec son esprit. Lord Palmerston pense que la *puissance souveraine* qui gouverne *tout* l'Empire turc doit pouvoir exercer son autorité suprême avec une indépendance entière de tout contrôle étranger, aussi complétement et pleinement sur les rives de la *mer Rouge* que sur la mer Noire, en Égypte et en Syrie, que sur le Bosphore et les Dardanelles, si Méhémet-Ali, ajoute-t-il, pour me servir des termes de la dépêche de M. Thiers, est « un Pacha désobéissant envers son maître, et dépendant de toutes sortes d'influences étrangères. » Loin d'être un élément essentiel à l'équilibre européen, il n'est plus pour l'Empire qu'une source de faiblesse et de dissensions. Qu'il reste donc au Sultan à décider, comme souverain de l'Empire turc, lequel de ses sujets sera placé par lui pour gouverner telle ou telle partie de ses domaines, et qu'aucune *puissance étrangère* n'ait le droit de contrôler le Sultan, dans l'exercice *discrétionnaire* d'un des attributs inhérents et essentiels de la souveraineté indépendante.

Tous les journaux, comme nous le verrons tout-à-l'heure, trouvent cette Note plus outrageante encore que le Traité : mais M. *Guizot*, réduit à dissimuler l'injure pour n'être pas forcé d'en tirer vengeance, soutient, dans ses journaux, que cette Note ne contient que des réflexions métaphysiques sans application. Lui seul nie le soufflet qu'il vient de recevoir après s'être vanté qu'il obtiendrait de son ami Palmerston des conditions meilleures. — Ecoutons maintenant les journaux.

CONSTITUTIONNEL (15 nov.) : — La dernière note de lord Palmerston n'est pas moins que la théorie de la plénipotence des souverains légitimes, telle qu'elle est consacrée par les traités de 1815. Dans cette théorie, tous les faits intervenus depuis ces traités ne doivent pas prévaloir sur les principes qu'ils contiennent. Appliquée au sultan, cette théorie maintient ses droits de souveraineté sur tous les territoires qu'il possédait à l'époque des traités de 1814. Si cette légitimité inaltérable rencontre un pouvoir nouveau, il n'existera qu'autant qu'elle lui permettra d'exister. Le pouvoir du pacha est un fait qui disparaît devant le droit ; mais ce droit de souveraineté ne peut pas s'arrêter en Égypte : il va jusqu'à *Alger*. La théorie de la note va même beaucoup plus loin. La révolution de Juillet n'est pas comprise dans les traités de 1815.

CONSTITUTIONNEL (15 novembre) : — Pourquoi ne pas le dire à la Chambre ? Les circonstances sont telles qu'un bon nombre d'esprits timorés, mais sincèrement patriotes, qui répugnaient à se jeter dans l'inconnu, commencent à se demander en effet si la *Réforme électorale* ne serait pas devenue la *Nécessité de la situation*. Nos correspondances des départements nous apprennent que des hommes très attachés au gouvernement de Juillet, et jouissant parmi leurs concitoyens d'une considération méritée se décident à signer des pétitions pour la Réforme électorale, et que beaucoup d'autres, pour prendre ce parti, n'attendent que le résultat de la solennelle discussion qui va s'ouvrir sur la réponse au discours du Trône.

La Chambre est prévenue : le pays a les yeux sur elle, et c'est d'après la conduite qu'elle tiendra qu'il règlera la sienne. S'il avait jusqu'ici mis toute sa confiance dans ses mandataires légaux, c'est qu'il ne supposait pas que dans une question d'*honneur national*, la fermeté de la Chambre pût lui faire faute. Si son espoir est déçu, *le vœu d'une réforme électorale et parlementaire deviendra* UNIVERSEL.

Le *Courrier français* parle dans le même sens ; il s'indigne de l'extrême humilité et de l'ignominieuse couardise de nos Ministres.

COURRIER FRANÇAIS (15 novembre) : — On accepte l'arrêt de l'Étranger dans les termes mêmes dont il a plu à l'Étranger de se servir. Notre Gouvernement fait amende honorable à l'Europe avec l'humilité d'un coupable qui s'estime heureux qu'on ne lui inflige pas une plus douce correction. C'est l'esprit de 1815 qui souffle sur nous......... Quelle situation que celle du Ministère! Attendre de la générosité des Puissances des concessions qui mettent le Gouvernement à flot dans les Chambres, et ne recevoir que des affronts que l'on est obligé d'atténuer ensuite dans les Journaux officiels, quand on ne peut pas les dissimuler tout-à-fait! dépendre de l'Étranger et laisser voir que l'on dépend de lui! se défendre des inspirations courageuses que donne le sentiment national, comme d'une complicité avec le désordre! comprimer au-dedans l'énergie des esprits, quand on n'a pas encore la paix, même une paix honteuse au-dehors! faire de la critique aux dépens de ses prédécesseurs, de la presse, de tout le monde, quand il faudrait agir sans délai! craindre le succès de nos alliés comme un revers et souhaiter celui de nos ennemis! voilà le bilan du Ministère.

LE SIÈCLE (15 novembre) envisage sous le même point de vue la note Palmerston. Son article à ce sujet peut se résumer ainsi : Les quatre Puissances ont bien pu s'approprier les dépouilles de l'empire Ottoman sans qu'il fût permis à la France d'y trouver à redire ; mais aujourd'hui elles lui signifient, en la désignant sous le nom *Puissance étrangère*, qu'elle n'a aucun droit de contrôler l'exercice *discrétionnaire* de la souveraineté du Sultan...... Mais enfin, s'écrie le *Siècle*, notre Gouvernement aura-t-il la paix après l'avoir achetée si cher? — Non, encore une fois ; les Étrangers l'ont vu *prosterné* devant eux, et il leur a pris fantaisie de lui *passer sur le corps*, il le souffrira!

Aussi le *Siècle* s'écrie comme nous : Patriotes, rougissez et pleurez!

Le SIÈCLE du lendemain ajoute : C'est tout au plus si on lui accordera une trêve pour prendre de nouvelles mesures d'agression pour attendre que, déjà isolé au milieu de l'Europe, il le soit encore au milieu de nous. Il ne sait pas se faire respecter ; et il voudrait, lui, dont l'existence seule est une provocation constante à l'ébranlement des trônes absolus, il voudrait pouvoir compter sur les ménagements de ses ennemis!

N'y a-t-il donc plus un seul Pouvoir qui représente la perpétuité du Pays? Invoque-t-on le gouvernement parlementaire? mais la Chambre a consacré par ses votes la politique égyptienne. Invoque-t-on ce qu'on appelle le gouvernement personnel ? Mais alors le Ministère, pour l'honneur de ce gouvernement, doit maintenir les engagements du passé..... Méhémet pourra dire, avec raison, que l'alliance de la France lui a fait plus de mal que les quatre Puissances coalisées contre lui; car ses ennemis lui donnaient plus, et son alliée l'aura condamné à prendre moins. La Chambre voudra-t-elle jamais qu'il puisse être dit dans le monde : l'amitié de la France est un fléau !

Ainsi, cette Note fait frémir d'indignation les Journaux les plus modérés. Et voyez quel chemin leur fait faire le péril de la Patrie ; la *Réforme !* la *Réforme !* c'est aujourd'hui leur cri comme celui du *National.* Et pour celui-ci la Note de Palmerston, c'est une menace contre Alger.

LE NATIONAL (12 novembre).... Si la Chambre avait le moindre sentiment de dignité, elle se souviendrait des engagements qu'elle a pris devant le monde ! S'il est reconnu dans le droit public européen que les Puissances ont le droit de résoudre comme il leur plait les questions qui s'agitent dans l'intérieur d'un empire, il n'y a plus ni paix, ni sécurité, ni indépendance pour cet état. Pourquoi ne dirait-on pas demain que les agitations de l'Espagne peuvent troubler le repos de l'Europe? Et si le Sultan, voulant avoir l'intégrité de son empire, réclamait, en vertu du même Traité de juillet, l'intervention des *alliés* pour recouvrer Alger, qu'aurions-nous à répondre? Est-ce que le droit reconnu contre le Pacha n'existe pas contre nous ? Est-ce que ce qui a été résolu en Syrie ou en Egypte n'est pas un précédent pour l'Algérie?... Qu'est-ce donc, ce Traité de Brunow, sinon le droit monstrueux de la force? sinon la restauration de l'ancien principe de la Sainte-Alliance? L'intervention, c'est aujourd'hui l'invasion en Syrie, demain en Egypte, plus tard en Algérie!

Mais le *Journal de la Cour* trouve dans la Note un motif d'accusation contre M. Thiers :

LA PRESSE (15 novembre)... Eh bien ! qu'a fait M. Thiers? au lieu de parler aux Puissances le langage au-devant duquel semblaient venir leurs propres actes, il s'est mis à argumenter des Traités de 1815, du *respect religieux* de la France pour ces Traités, de la nécessité de maintenir l'équilibre qu'ils avaient établi dans le monde. Les Traités de 1815!.... Mais ignorez-vous donc qu'ils ont été faits sous l'empire de ces principes absolus de légitimité qui repoussent *comme une usurpation* tout pouvoir qui a la prétention de ne relever que de lui-même, et qui ne s'appuie que sur le succès matériel? Ignorez-vous qu'ils ont été conçus dans une pensée de haine et d'abaissement à l'égard de la France? Quoi! pour donner du relief à notre influence, pour protéger un état de création révolutionnaire, ce sont les Traités de 1815 que vous invoquez! Les Traités de 1815 sont l'antipode de ces deux idées. Dans le système de ces Traités, Méhémet n'est plus qu'un rebelle, et la France, en le soutenant, ne peut qu'encourir les vieilles préventions dont, une fois déjà, elle a eu à subir l'ardente hostilité. Il est incroyable que M. Thiers n'ait pas compris tout ce qu'il y avait de *monstrueusement* absurde dans cette invocation des Traités de 1815... Lord Palmerston répond aujourd'hui à M. Thiers: « Votre condamnation sort de votre propre bouche. Tous vos arguments servent merveilleusement la cause que vous attaquez, et, pour avoir raison contre vous, nous n'en chercherons pas d'autre. »..... N'y a-t-il pas quelque chose de honteux à professer aussi tout haut son *respect religieux* pour les monuments de notre défaite et de nos désastres? Ces tristes et ignominieux Traités tombaient de toutes parts et sous les coups de tout le monde. La Russie les foulait aux pieds en Pologne; la Prusse et l'Autriche à Cracovie; l'Angleterre, par la consacration du royaume de Belgique; la France, par la conquête d'Alger. Ce n'était plus qu'un vieil édifice lézardé et craquant dans ses fondements: et voilà que M. Thiers s'éprend tout-à-coup d'un ardent amour pour les Traités de 1815, et dans la ferveur de son culte, va jusqu'à les implorer à contre-sens!.....

Ainsi *La Presse* elle-même fait un crime au Gouvernement de ratifier les Traités de 1815! — Le *Siècle* va plus loin. La Note est, pour lui, une menace contre l'Alsace et la Loraine.

LE SIÈCLE (16 novembre)... Les cours d'Allemagne ont fait savoir à M. Guizot, par leurs journaux, qu'il fallait qu'il abandonnât les Notes diplomatiques de l'ancien Ministère, aussi bien que tout le reste, qu'il cessât de singer le langage de M. Thiers, tout en le condamnant, qu'il prît enfin l'attitude modeste, résignée, qui convenait au rôle dont il était chargé. — Ce n'était pas assez clair apparemment; lord Palmerston, dans un document *officiel*, qui a reçu, dit-on, l'assentiment des trois cours, vient de signifier à notre Cabinet que la Note du 8 octobre est regardée comme une plaisanterie; que le Sultan décidera, dans sa suprême sagesse, s'il doit faire grâce au Vice-Roi soumis et repentant, ou le punir de sa rébellion; mais que la France, dans aucun cas, n'a le droit de contrôler l'exercice discrétionnaire de la souveraineté du Padischah placé sous l'auguste tutelle de l'Angleterre et de la Russie..... Mais *le Moniteur* se charge de nous apprendre que lorsque le Ministre anglais met à néant toutes les déclarations de la France, et parle avec dérision du cas de guerre qu'elle a posé, *il se livre à une pure discussion de principes*, sans application *probable* aux événements. L'espoir du Ministre, c'est que la *discussion de principes* qui achève de mettre la France hors des événements ne changera rien « *au conseil donné par l'Angleterre à la Porte pour le retrait de la déchéance*, si le Pacha accepte les conditions qu'on lui a proposées. » ... Mais ce sont des conditions pires que le Traité lui-même? Certainement : mais il faut bien qu'un châtiment soit infligé au Vice-Roi pour en avoir appelé à la protection de la France; il faut bien que tous les princes et tous les peuples soient avertis du sort qui les attend, lorsqu'ils auront le malheur de se confier à nous..... Allons! Gloire à l'Angleterre! Vive le Traité du 15 juillet! Gloire à M. Guizot et à ses collègues, ces anges de paix! Puisse leur administration être assez bénie du ciel pour que l'Etranger, après nous avoir *ravi l'honneur*, ne nous redemande pas bientôt, comme un gage de soumission, l'*Alsace* ou la *Lorraine*.

Le *Constitutionnel* accuse le Gouvernement de trahir la confiance des Peuples, et de compromettre la France en violant ses engagements.

CONSTITUTIONNEL (17 novemb.) : —...... « Que le Pacha cède sur-le-champ, et il aura l'Egypte héréditaire, dit lord Palmerston. » Depuis la déchéance, les alliés n'ont jamais tenu un autre langage; le cabinet du 29 octobre n'a donc fait qu'emporter d'assaut une place livrée...... L'envoi de deux agents, l'un à Constantinople, l'autre à Alexandrie, c'est pour prêter l'appui de la France à l'Ultimatum de la coalition...... A quel gouvernement nos alliés ont ils à faire? un changement de ministère suffit-il pour annuler tous les engagements antérieurs? Qui voudra traiter avec la France?

Les *Débats* parlent encore de Guerre, mais en commençant par enchaîner la Démocratie.

DÉBATS (17 novemb.) : — ...... Aujourd'hui que la guerre serait faite par un gouvernement régulier, et non par une insurrection et un comité de salut public, le gouvernement n'est pas pressé de faire la paix à tout prix...... les trois mois qui viennent de s'écouler sont comme non avenus, quant aux fanfaronnades des journaux et quant à l'agitation des carrefours; ils ne comptent que pour les armements qui sont faits et que nous maintenons, et pour la déclaration du 8 octobre que nous continuerons à présenter comme notre ultimatum. — Les *Débats* disent en outre que toutes les lenteurs sont favorables à la France, et que si depuis trois mois la coalition a eu le beau rôle, c'est maintenant le tour de la France.

Mais le *Capitole* dénonce et stigmatise le Ministère de l'Étranger.

CAPITOLE (17 novemb.) : — ..... Évidemment le ministère prend pour de la résignation et du calme le profond sentiment d'étonnement et de douleur silencieuse qu'a produit sur l'esprit public le sanglant outrage imprimé à l'honneur français dans le dernier Memorandum Palmerston. En présence de cet excès d'audace d'une part, et de servilité de l'autre, la conscience nationale est restée frappée d'étonnement ; elle se replie sur elle-même pour savoir si c'est bien à elle que s'adressent les insolents sarcasmes du cabinet Britannique !..... Évidemment le cabinet de l'étranger médite un double attentat contre les libertés de la France à l'intérieur, et contre son indépendance à l'extérieur..... Dans le ministère du 29 octobre, nous trouvons partout des hommes et des actes dont la France eût frémi, même en 1815. En première ligne se présente M. Guizot, nourri dans l'habitude des complots, dans l'étude du machiavélisme anglais, et que les journaux de Londres saluent déjà comme l'auxiliaire le plus utile de leur politique, l'homme aux Cours prévotales, aux proscriptions, aux catégories, dont le nom fait tressaillir dans leurs tombeaux les ombres de cent victimes. Que peut-il rester pour la France dans un cœur ainsi partagé entre le délire du pouvoir et l'amour de l'étranger? Que diront les collègues de M. Guizot? la faiblesse forme le fond du caractère de l'un, la violence est le caractère de l'autre; la servitude domine celui-ci, l'hypocrisie est la devise de celui-là; la soif du pouvoir, la haine de la liberté, sont les traits distinctifs de tous. Il faut nécessairement du despotisme à ces gens-là ; au dehors, au-dedans, les circonstances sont graves; cependant une généreuse émulation, une résistance légale, mais énergique et constante, peuvent facilement conjurer la tempête. Que le pays le veuille, et la corruption viendra bientôt se briser contre la réprobation nationale. Mais qu'on y songe bien, dans la crise actuelle, l'inaction, la torpeur, compromettraient à jamais l'avenir de la patrie ; elles seraient la mort.

Cependant voyons la force de la France et les Dangers de ses ennemis ! Écoutons le *Capitole :*

CAPITOLE, (2 août) : — La France de 1840 n'est pas plus divisée que la France de 93, et la France de 93 marcha comme un seul homme partout où il plut à l'Europe de lui donner rendez-vous. Les rois ont trop tardé: les vengeurs de Waterloo ont eu le temps de grandir. Est-ce l'Angleterre qui aura cru pouvoir nous humilier impunément ? Au fond des montagnes de l'Ecosse, sur tous les points de l'Irlande, nous avons des auxiliaires plus impatients que nous de réduire le léopard à se réfugier dans sa tanière. Est-ce la Prusse qui aura cru devoir nous forcer à lui faire amende honorable d'Iéna et de Friedland? Que demain notre étendard se déploie au bord du Rhin, et demain la Prusse ne sera plus que le vieil électorat de Brandebourg. Est-ce la Russie qui croira devoir compter pour rien la volonté de la France ? Ses provinces du Midi n'ont-elles pas à lui demander compte d'une longue oppression ? La Pologne n'a pas été envoyée tout entière dans les mines de Sybérie. Est-ce l'Autriche qui nous méconnaîtra au point d'attendre que nous reculions devant elle? Nous savons quels sont les griefs de la Lombardie et des Provinces Vénitiennes; nous connaissons les espérances de la Gallicie, de la Transylvanie et du royaume de Hongrie. La France est plus qu'une grande nation, la France est un grand Principe; la France est plus que trente-trois millions d'hommes, la France est cent millions d'hommes. La France, c'est le monde de la vérité ligué contre le monde de l'erreur; le monde de la liberté armé contre le monde de l'esclavage. La France, c'est le drapeau que les peuples cherchent et demandent; c'est le torrent du Progrès social et politique...... Ce ne sont pas seulement les Irlandais, les Italiens, les Hongrois, les Polonais qui nous invoquent; l'Allemagne presque tout entière nous attend pour se proclamer la *Germanie*, et se débarrasser des petits despotes qui la déshonorent......

Et voyons les menaces que la France peut renvoyer à ses ennemis! écoutons encore le *Capitole* :

CAPITOLE (19 août).... Pour notre part, nous le disons d'avance, nous regarderions comme traître, comme auxiliaire de l'étranger, comme se plaçant par là même hors la loi, quiconque prétexterait l'intérêt de son parti pour chercher à ralentir l'élan national... Quant à nos moyens d'action extérieurs, à notre propagande insurrectionnelle, il suffit, pour en apprécier toute la portée et toute l'efficacité, de s'arrêter aux combinaisons suivantes que nous énonçons sommairement :

1° *Contre l'Angleterre.*— Insurrection de l'Irlande et reconnaissance de son indépendance.— Appel à l'indépendance de l'Écosse. — Réaction sociale en Angleterre. — Émancipation du Canada.— Reconnaissance de Méhémet-Ali comme souverain de l'empire ottoman. — Méhémet-Ali; alliance médiate avec la Perse, et diversion contre l'Indoustan anglais. — Alliance offensive et défensive avec les États-Unis, auxquels nous céderions un de nos ports de l'Algérie. —Alliance de même nature avec la Hollande, à qui nous garantirions la mise en possession du Hanovre et la restitution de l'île de Ceylan et du cap de Bonne-Espérance.—Pareille alliance avec le Portugal, en nous engageant à ne conclure la paix avec l'Angleterre qu'après qu'elle lui aurait restitué ses possessions de la côte du Malabar. — Même alliance avec l'Espagne, à condition de la remettre en possession de Gibraltar.— Lettres de marque délivrées à tous les armateurs, etc., etc.

2° *Contre la Russie.* — Insurrection de la Pologne et de la Lithuanie. — Diversion pour les Circassiens et les autres peuples de la région caucasienne. — Appel à l'indépendance des provinces danubiennes et de celles du Dniéper.— Alliance offensive et défensive avec la Suède, à condition que nous ne ferions la paix qu'après que la Russie lui aurait restitué la Finlande.

3° *Contre l'Autriche.* — Appel à l'indépendance de la Gallicie. — Insurrection du royaume Lombard-Vénitien, de l'Illyrie, de la Dalmatie, de la Transylvanie, de la Moldavie et de la Valachie. — Reconnaissance de l'indépendance de la Hongrie, à qui on accorderait toutes les provinces septentrionales de la Turquie d'Europe, celle du midi devant être donnée à la Grèce. — Insurrection de l'Italie.

4° *Contre la Prusse.* — Insurrection des provinces rhénanes et du grand-duché de Posen. — Alliance avec la Saxe; restitution des provinces que la Prusse a usurpées sur elle. — Alliance avec le Danemarck aux mêmes conditions. — Reconnaissance de l'indépendance du canton suisse de Neufchâtel. — Alliance ou neutralité de la Suisse. — Le Capitole ajoute : Eh! quelles ne seront pas les espérances de la France si elle sait conquérir la sympathie des peuples! Nationalité! liberté! avec ces deux puissants leviers, n'y a-t-il pas de quoi révolutionner le monde!

Mais, suivant les *Débats*, c'est pour sa Liberté, c'est par Prudence, que la France recule et attend.

Débats (18 novembre) : — Le *Journal des Débats* se réjouit de voir disparaître l'idée d'une Guerre Révolutionnaire. Ceux qui auraient pu compter sur la *furie française*, s'écrie-t-il, seront déjoués dans leurs calculs; nous demeurerons juges du camp, libres de choisir notre moment et notre rôle, un grand rôle, celui de Médiateurs nécessaires. Nous avons su vaincre, d'une manière éclatante, sur vingt champs de bataille', aujourd'hui nous prouverons à l'Europe que *nous savons attendre*. Avec 500,000 hommes, nous n'avons pas besoin de nous presser, et le concours des deux Chambres ne manquera pas à cette politique prudente et forte qui nous réserve dans un avenir prochain l'arbitrage de la paix et de la Guerre. C'est la Politique de la Chambre des Pairs; nous avons lieu de croire que ce sera aussi la Politique de la Chambre des Députés..... Nous avons joui pendant trois mois du Pouvoir absolu, dit-il ironiquement ; un Ministère effrayant s'était investi d'une sorte de Dictature et nous avait ramené la Révolution et l'Anarchie.....

Mais, après avoir reproché au *Journal des Débats* son audacieuse et ignoble effronterie, ainsi que ses plates et serviles fanfaronnades, et ses inconcevables palinodies, le *Siècle* ajoute :

Siècle (18 novembre) : — ...... Mais cela est absurde, et vous-même ne le croyez pas! quelle est donc la nouvelle comédie que vous allez jouer? qui cherchez-vous à tromper en ce moment? le Pays? vous n'y réussirez pas. La Chambre? cela est inutile. L'Étranger? Prenez garde au ridicule! N'en avez-vous pas déjà recueilli assez? N'est-ce pas une chose assez odieuse d'entendre le *Journal des Débats* fulminer, chaque matin, une sorte d'anathème contre les journaux qui ont parlé comme lui? Jamais en France, sous aucun régime, jamais chez aucun peuple, il ne s'est passé rien de plus honteux que ce brusque revirement dont nous avons été les témoins. Par respect pour le Pays, nous vous en supplions, ne recommencez pas à donner un pareil scandale! Il vaut mieux l'humiliation franchement acceptée. Si le péril n'en vient pas moins, et même s'il s'accroît, comme nous le pensons, c'est à d'autres que vous qu'il faudra recourir pour le conjurer.

Et pendant que la France recule et attend, la Coalition arme et avance.

Courrier Français (13 novembre) : — La *Gazette de Leipsick*, d'après une lettre de Berlin, du 5 novembre, rapporte ce qui suit : « Les hommes composant les réserves de guerre ont reçu l'ordre de se tenir prêts à se rendre sous les Drapeaux; en un mot, on fait des préparatifs tels que l'on n'en avait pas vu de semblables depuis le commencement de la première période décennale. » — D'un autre côté on lit dans la *Gazette de Mayence*, sous la date de Wurbourg (5 novembre) : — « Les semestriers viennent d'être rappelés à notre division. Cette mesure a produit une sensation profonde, parce que beaucoup de jeunes gens s'étaient livrés aux travaux de la paix ; elle s'applique même aux *Séminaristes*. Il n'y a plus moyen d'obtenir un remplaçant. Les 3e et 4e divisions de l'armée bavaroise ont reçu, dit-on, l'ordre de se mettre en marche. »

Enfin, on écrit de Hanovre à la *Gazette de Leipsick* : — « Le roi a, dit-on, donné ordre au Ministère de la guerre de porter TOUTE l'armée sur le pied de Guerre. Déjà le Médecin en chef de l'armée a été chargé d'organiser le service médical, comme si l'armée devait se mettre immédiatement en marche. *Le Courrier* ajoute : Le Roi de Saxe vient de prohiber l'exportation des chevaux.

Et chaque jour les Journaux de la Coalition répètent les Menaces contre la France en annonçant tous les armements de l'Aristocratie européenne.

Aussi, suivant *le Commerce* des 15 et 16 novembre, un général aurait dit : « Si nous ne faisons pas la guerre, *le plus grand supplice aujourd'hui serait de traverser l'Allemagne en uniforme français !* » Et un député du parti conservateur n'aurait pu s'empêcher de s'écrier : « *Nous sommes dans la boue jusqu'aux épaules !* »

Cependant la Pairie répond à la Couronne :

ADRESSE DE LA CHAMBRE DES PAIRS. — (Projet. — Séance du 17 novembre.) — L'adresse parle de l'attentat Darmès, de la naissance du duc de Chartres, nouveau gage de sécurité, dit-elle, pour l'avenir de nos institutions, de la richesse publique, des travaux pacifiques, du traité de juillet. La dignité d'une nation, dit la Chambre des Pairs, c'est sa vie ; la dignité de la France est chère au cœur de son roi ; les Français sont prêts à tous les sacrifices plutôt que de consentir à l'*abaissement* de leur patrie. — La noble Chambre craint et déplore que l'anarchie puisse triompher en Espagne. — Elle félicite le roi de sa vigilance à l'égard de la république Argentine, de nos succès en Afrique, et des périls qu'ont daigné partager deux de ses fils. — Elle parle aussi de la tentative *insensée* de Boulogne, et de l'audace incorrigible des passions anarchiques.— La Chambre termine en rappelant au gouvernement que les *rois* ne doivent *jamais sommeiller*.

Et le Ministère répond à la Pairie :

DISCOURS DE M. GUIZOT (18 novembre).— Les armements ont été ordonnés pour surveiller un avenir *obscur et inquiétant*... La dissidence (entre la France et l'Angleterre) a éclaté sur les bases de la transaction nouvelle qu'il fallait imposer au sultan et imposer au pacha. Je sais que c'est une faute grave des deux partis d'avoir sacrifié la grande politique à la petite politique, l'intérêt supérieur à l'intérêt inférieur. Or, la grande politique, c'est le maintien de *la paix partout, toujours*... La politique de la paix est la plus haute, la plus morale, la plus *catholique !* Pour le bonheur de notre pays, il faut substituer au règne de la force le règne du *droit*, il faut la maintenir, il faut la défendre, avec les armes de l'*intelligence*, sans le secours de la *force matérielle*... La grande raison pour persévérer dans cette politique, c'est que les hommes ne veulent plus retomber sous l empire de *la violence*... — L'Angleterre *concédait* au pacha l'hérédité de l'Egypte, et en viager le pachalic d'Acre. Les propositions offertes, et alors refusées par notre gouvernement, seraient acceptées aujourd'hui avec joie, si l'état des choses le permettait. La tentative d'arrangement direct entre le sultan et le pacha avait donné de l'humeur aux puissances ; nous voulions, disait-on, nous ménager un succès isolé. J'ai dit partout, officiellement et dans les relations particulières, que cela était faux ; mais on ne m'a *pas cru*. La conclusion à quatre fut terminée rapidement ; le traité du 15 juillet fut conclu à L'INSU de la France. Oui, pendant huit ou dix jours la France avait été laissée à l'écart.

Ainsi, le fait est officiellement avoué ; le Traité du 15 a été signé brusquement, sans que la France ait été définitivement requise de signer. N'est-ce pas là une déclaration de Guerre ? — Mais le *Commerce* répond à M. Guizot :

COMMERCE (19 novembre) : M. Guizot a surpassé tous ses hauts faits de 1815, toute sa gloire du *Moniteur de Gand*, toutes ses palinodies précédentes, toute l'anti-nationalité de son présent et de son passé. Il faut frémir pour notre indépendance ; il faut se voiler la tête, et désespérer de l'honneur et du salut de notre pays, s'il peut subir, sans une éclatante indignation, les humilités effrayantes, les dégradantes déclarations que la Sainte-Alliance lui impose par la bouche de notre ministre des affaires étrangères. Si un pareil discours passait sans protestation et sans flétrissure, oui, l'Europe alors aurait le droit de nous écraser de son mépris, de nous regarder comme sa proie. Et si l'on veut que nous disions franchement toute notre pensée sur le discours de M. Guizot, il a, autant qu'il était en lui, ouvert à l'étranger les portes de la France.

Il ne faut que bien peu de mots pour le prouver. M. Guizot a obéi complétement aux injonctions du *Journal de Francfort*. Ce journal, au nom des puissances, lui avait prescrit de proclamer sans réserve la paix quand même : M. Guizot l'a proclamée. Voici la formule de M. Guizot, telle que l'a relevée M. de Montalembert : *La paix partout, la paix toujours!* En vain a-t-il voulu, plus tard, atténuer la portée de ces terribles, nous devrions peut-être dire de ces infâmes paroles, la pensée s'était révélée ; et M. Guizot, d'ailleurs, n'a fait que l'adoucir, sans la changer. La paix partout, c'est-à-dire la paix en Syrie, en Egypte, en Orient, quels que soient les événements qui s'y déclarent, quel que soit le sort réservé au pacha, quels que soient le caprice, l'orgueil, l'ambition de l'Angleterre. La paix toujours, c'est-à-dire toujours la France à la suite des puissances et sous le joug des traités de 1815 ; toujours la France subissant son isolement, menacée dans ses sympathies, laissant humilier ou détruire ses alliances. La paix toujours, c'est-à-dire la France sacrifiée. Et M. Guizot ne se donne pas la peine de le cacher ; car, dit-il, en présence des dangers qui nous environnent, de l'humiliation et des alarmes du pays « la paix vaut *tous les sacrifices* qu'on lui » déjà faits. »

M Guizot n'a donc pas reculé. C'est le programme de la paix quand même, de la paix humble, patiente, résignée, préparée indéfiniment *aux mauvais procédés, aux manques d'égards, aux conclusions à quatre*, quand le gouvernement français forme le cinquième délibérant : c'est, enfin, la paix *catholique*, (le mot est encore de M. Guizot) c'est-à-dire la paix des soufflets et du pardon des injures, qu'un homme déjà souillé par une trahison contre son pays vient proposer à cette France tout élevée aux grandes scènes militaires de la Révolution et de l'Empire, à cette terre qui va se féconder tout-à-l'heure des cendres de Sainte-Hélène. Qu'on nous pardonne notre indignation, car, quelque véhémente qu'elle pût être, elle n'exprimerait pas encore le sentiment de consternation et de frayeur que nous ressentons en nous ; car ce discours est, comme l'a fort bien dit M. de Montalembert, l'appel des étrangers à la curée de tous les intérêts de la France. La paix partout, la paix toujours! Que pouvons-nous avoir désormais à refuser aux menaces ou aux armées de l'Europe, avec l'aveu officiel d'une semblable politique? Comment l'étranger pourrait-il tenir compte de nos sentiments, de notre honneur, de nos sympathies, de nos principes? Comment même consentirait-il aux plus légères transactions? Quelle sera la limite de ses exigences, devant une diplomatie qui lui crie partout : La paix partout, la paix toujours!

Nous le déclarons, en face d'un tel oubli de tous les devoirs d'un ministre et de sa situation, nous ne connaissons plus qu'un rôle possible à la Chambre des députés, c'est celui de renverser le ministère dans l'Adresse, par une manifestation imposante. Il ne s'agit plus de la guerre ou de la paix ; il ne s'agit plus de la Syrie, ni de l'Egypte, ni de Constantinople, il s'agit de notre indépendance, de notre avenir ; il s'agit de nous-mêmes. Si la politique désastreuse de M Guizot peut être, nous ne disons pas adoptée, mais tolérée, nous nous effaçons de nos mains du rang des nations, nous nous déclarons prêts à toutes les concessions, à tous les sacrifices, à toutes les pusillanimités, pourvu qu'elles nous soient demandées par la bouche d'un canon. Devant un fait aussi grave aussi exorbitant, aussi funeste, il n'y a plus de partis, il n'y a plus de citoyens, il n'y a plus qu'une société frappée dans les éléments de son action et de son existence. Le discours de M. Guizot, ce n'est pas la paix après le déshonneur, c'est la guerre après la honte, c'est le délaissement complet de toute liberté, de toute volonté, soit intérieure, soit extérieure, de la part de la France; c'est un hommage lige envers l'Europe, c'est un acte de vassalité. Quant à nous, nous le déclarons du plus profond de notre conscience, nous cherchons en vain, dans notre mémoire, les actes des ministres les plus pusillanimes ou les plus perfides qui aient jamais perdu ou trahi une nation; et nous ne trouvons rien de semblable à l'excès d'avilissement, à l'audace de bassesse déployée aujourd'hui par M. Guizot à la tribune des Pairs.

A cette vigoureuse apostrophe, M. Guizot a l'étonnant courage de répondre par la voix d'un huissier qui somme le *Commerce*, etc., au nom des lois de septembre, de rectifier son article d'après le texte du *Moniteur*, qui, au lieu de « *la Paix partout, la Paix toujours*, » fait dire à l'orateur : *la Paix partout, toujours*. Ce n'est donc que la répétition du mot *Paix* que M. Guizot reproche au *Commerce* : « Notre formule, dit-il, est générale, et s'adresse à l'Europe. » Le *Commerce* répond : « D'abord le *Moniteur* est souvent, notoirement, officiellement infidèle; en second lieu, ce n'est pas à l'Europe que parlait le Ministre, mais à la Chambre des Pairs. « M. Guizot, s'écrie-t-il, ment maintenant à ses paroles, il se ment à lui-même, il ment à la conscience publique..... Quoi! c'est M. Guizot qui parle de Morale et de Philosophie, lui qui a toujours couvert son ambition et ses palinodies des mots sacrés par lesquels Tartuffe protégeait ses passions et sa cupidité!

Pour nous, nous répondrons aussi à l'irrévocable mot : *La Paix partout, la Paix toujours* : Oui, si l'Europe le dit avec vous. Mais quand l'Europe veut la Guerre et vous fait la Guerre, vous vous obstinez à la Paix, comme si ce n'était pas la Lâcheté d'un esclave qui se laisse tuer sans se défendre! comme si l'axiome de politique le plus incontestable légué par la sagesse de l'Antiquité n'était pas : *Si vous voulez la Paix, préparez la Guerre* (*si vis pacem, para bellum*)! Comment, d'ailleurs, M. Guizot peut-il avoir la prétention de donner aujourd'hui à l'Europe des conseils de Paix, quand il avoue que la Conférence de Londres ne l'a *pas cru!* quand les cendres de Beyrouth sont encore fumantes! quand notre drapeau tricolore n'y flotte plus que déchiré par une bombe anglaise! quand les vaisseaux de la Coalition bloquent Alexandrie! quand l'Europe entière accélère ses armements contre la France! quand les Journaux de l'Aristocratie européenne menacent insolemment la Nationalité française!... M. Guizot ne s'*efface* pas, dit-il, lui qui n'a pas honte de se retrancher derrière cette prétendue Philosophie *Catho-*

lique, prêchant la Paix, l'humilité, l'abnégation de soi-même, et disant : « Si l'on vous donne un soufflet sur la » joue gauche, tendez la joue droite ; si l'on vous prend » votre manteau, donnez encore votre tunique ; si l'on vous » chasse d'une ville, fuyez dans une autre. » Ministre de la France, vous lui conseillez donc de se mettre humblement à genoux devant l'Étranger ! de ne venger un premier outrage qu'en en sollicitant un autre ! de livrer à la Coalition notre colonie d'Alger, après lui avoir sacrifié notre allié d'Égypte ! et de fuir derrière la Loire aussitôt que l'ennemi paraîtra sur le Rhin ! ! !

Nous terminerons nos citations par un article d'un journal qui, sous des formes légères, railleuses et burlesques, montre souvent des vues profondes et dignes d'un homme d'État qui voudrait mettre le doigt sur la plaie.

CHARIVARI (18 novembre) : — *Tout pour l'Étranger et par l'Étranger* (nouvelle devise nationale). — Magnanimes coalisés, je vous implore aujourd'hui, moi, votre enfant, votre ami, votre protégé, votre serviteur, moi, le *Juste-Milieu*, que vous avez créé, soutenu, maintenu en France, dans la pensée qu'il y ferait admirablement les commissions de la Sainte-Alliance, qu'il pourchasserait en perfection les libertés, et qu'à lui seul il vaudrait plus pour votre repos qu'une invasion armée de quinze cent mille Mougicks.

Le Ministère du 29 octobre qui se glorifie du titre de *Ministère de l'Étranger*, ose également faire un appel à votre miséricorde. *De profundis clamavi*....

Nous élevons la voix vers vous du fond du pétrin où nous ont plongés notre zèle et notre amour pour vous.

Voici notre cas, magnanimes coalisés ; lorsque nous sommes entrés au pouvoir enseignes (cosaques) déployées, nous avons annoncé hautement que nous étions décidés à vivre en paix à tout prix avec la Coalition, à avaler le Traité jusqu'à la lie, en un mot, à replacer la France au rang qui lui appartient en Europe, à la queue de la Principauté de Monaco.

Nous ajoutions qu'il pourrait bien en rejaillir un énorme supplément de honte et d'humiliation pour le *Juste-Milieu*, mais que du moins les nuages menaçants amoncelés à l'horizon depuis le 15 juillet disparaîtraient complétement, que vous daigneriez oublier et pardonner les offenses *que vous nous auriez faites*, et qu'une fois que nous vous aurions tout accordé, vous auriez la magnanimité de ne plus rien nous demander. Le 29 octobre s'était posé comme le Messager de Paix, échappé de l'Arche coalisée, un rameau d'olivier à son bec, et annonçant la fin du nouveau déluge d'avanies, de notes Palmerston, de provocations, de bombardements, de pirateries, etc. ; notre Guizot-Safran avait pris le rôle de la blanche colombe de l'arche. C'est pour cela que nous étions proclamés ministère de *réconciliation*....... avec l'Étranger. Hélas ! puissants coalisés, vous avez fait mentir notre programme ministériel comme un programme de juillet. Nos génuflexions, nos protestations, nos supplications, notre soumission sur toute la ligne de la question d'Orient, n'ont pu vous attendrir et vous désarmer. Vous avez continué vos procédés rébarbatifs et vos notes Palmerston. Vous nous avez fait de la réconciliation à coups de pied, à coups de poing. Aïe! aïe!!! Au lieu de nous tendre la main, vous ne nous avez tendu que la botte.......... Puissants coalisés, ce n'est point une plainte, un reproche que nous vous adressons ici, à Guizot ne plaise! Si vous nous avez traités ainsi, nous, vos fidèles serviteurs et ministres, c'est que probablement ça vous faisait plaisir; vous en aviez le droit, que votre volonté soit faite à Constantinople comme à Paris, sur les côtes de Syrie comme au bas des nôtres! Aussi, sublime Sainte-Alliance, nous ne t'en voulons pas de la persistance de tes mauvais procédés à notre égard. Nous venons te supplier de vouloir bien les suspendre; mais c'est dans ton intérêt plus que dans le nôtre....... En effet, ô très généreux coalisés, nous sommes placés en ce moment dans une situation critique, il faut que nous traversions la discussion de l'adresse; or, avec la continuation de vos menaces, de vos armements, de vos notes Palmerston, cela nous sera excessivement difficile. Pour faire avaler à des marmots récalcitrants une médecine amère, on enduit de miel les bords du vase; comment voulez-vous que nous réussissions à faire avaler le Traité du 15 juillet aux Français avec un enduit de vinaigre des *quatre coalisés?* — De grâce donc, Messeigneurs, un peu de miel pour la circonstance seulement; mes bonnes âmes charitables de la coalition, une pauvre petite note tant soit peu aimable pour l'amour de la paix à tout prix, s'il vous plaît! Encore une fois, c'est dans votre intérêt aussi bien que dans le nôtre que nous vous adressons cette humble prière. Autrement nous ne pourrions plus continuer à vous servir; les concessions que nous vous avons faites entraîneraient notre chute; nous aurions reculé pour mieux sauter. Ne ferez-vous pas quelque petite chose pour nous, qui avons tant fait pour vous? un bout de note qui ne soit qu'aigre-doux, quelques lignes de *Memorandum* à demi farouche, ou un *conclusum* ne contenant qu'une douzaine d'impertinences, c'est tout ce qu'il nous faudra pour faire *sonner la haute estime* dont nous jouissons auprès de vous, et pour emporter l'Adresse. Après cela, ô nos maîtres coalisés, vous seriez libres de nous traiter de nouveau à la façon kalmouque, et même de nous faire payer les intérêts de cet instant de magnanimité. Soyez tranquilles, vous nous retrouverez prêts à recevoir tout ce que vous voudrez bien nous adresser. Nos bas d'échine ne regimberont pas et nos joues seront toujours à votre disposition. Vous pourrez vous livrer, pour rattraper le temps perdu, à un redoublement de provocations, de menaces, d'insultes, de soufflets, de coups de bottes; en un mot à ce que nous appelons *de pures discussions de principes.* Tout ce que nous vous demandons, c'est de nous accorder une trêve de l'Adresse, c'est d'avoir pour un instant pitié de nous; cela ne tirera pas à conséquence. Comme dit la chanson: *La pitié n'est pas de l'amour.*

Hé bien, au milieu de tous ces ignobles débats, la France est-elle assez malheureuse, assez mal gouvernée, assez jetée dans le chaos des palinodies, des apostasies, des bascules!

Que de principes, que de systèmes contradictoires proclamés, alternativement triomphants et proscrits! Quand a-t-on moins vu une *immuable* pensée gouvernementale, à moins que l'immuable pensée consiste à tout changer sans cesse! On proclame le principe de *non-intervention*, puis le principe d'*intervention*; le gouvernement personnel, puis le parlementaire, puis le personnel; le système de paix, puis de guerre, puis de paix; de douceur envers l'Étranger, d'impitoyable rigueur envers les citoyens. Doctrinaires, Juste-milieu, Tiers-Parti, Centre-Gauche, sont appelés, chassés, rappelés; MM. Guizot, Soult, Thiers, paraissent alternativement au haut et en bas de la bascule, tantôt invoqués comme de grands hommes, des hommes de génie, presque des Dieux, et tantôt bafoués, vilipandés, traités de brouillons et d'anarchistes! Et ce sont les Ministres qui s'injurient, s'outragent et se traînent mutuellement dans la boue par la main de leurs amis! Et vingt Ministères se succèdent ainsi, avec des interrègnes ministériels plus ou moins longs! Et point d'administration! Tout languit! Les Gouvernants ne pensent qu'à se défendre eux-mêmes contre leurs compétiteurs et leurs ennemis! Et ce que bâtit un Ministère est démoli par son successeur, qui ne construit à son tour que pour voir ses constructions renversées par un troisième ou par le premier! Et le budget est gaspillé, épuisé, dévoré, par d'énormes dépenses inutiles! Et de scandaleuses fortunes se gagnent ou se volent à la Bourse! Et les intérêts du Commerce et de l'Industrie sont sacrifiés! Et point de sécurité, point de garantie, point d'avenir pour personne! Et la misère, aggravée par des fléaux qu'aucune vigilance ne sait prévoir ni prévenir, fait d'effrayants progrès qui poussent les masses au désespoir! Et, à l'extérieur, la loyauté française est déshonorée par la violation des engagements ou des conseils du Gouvernement envers le Pacha, comme précédemment envers l'Espagne, la Belgique, l'Italie, la Pologne! Et l'honneur français est flétri partout! Et l'indépendance, le salut même de la France sont compromis par l'incapacité, l'inhabileté, la légèreté, l'incurie, les fautes (pour ne rien dire de plus) de Ministres, toujours quittes pour se retirer gros et gras, riant et se frottant les mains, sans pitié pour cette malheureuse Nation qu'ils ont amenée dans un abîme! Et quand un Peuple désespéré gémit, se plaint ou murmure, ce sont des sabres et des baïonnettes, des fusils et des canons, des prisons et des échafauds que la coalition excite les Ministres à montrer pour guérir les plaies qu'ils ont faites à la Patrie! Malheureuse France! malheureuse Humanité...!!!

CABET.

TABLE DES MATIÈRES.

Bombardement de Beyrouth.

Ministère-Guizot.

Proclamation du principe de non-intervention en 1831.

Opinions des Journaux anglais.

Nota. Voyez d'ailleurs les ***six lettres*** publiées par M. Cabet ***sur la crise actuelle***, et notamment : — dans la deuxième, page 28, etc., des articles du *Commerce*, du ***Courrier français***, du ***Morning-Herald***, du ***Morning-Chronicle***, et du ***Morning-Post*** ; — dans la troisième, page 26, un article du *Courrier français* ; — dans la quatrième, page 2, etc., plusieurs articles anglais : — dans la sixième, p. 24, les opinions de MM. *Sébastiani*, *Laffitte*, *Dupin*, *de Schonen*, *Bignon*, *Clauzel*.

PARIS. — IMPRIMERIE DE BOURGOGNE ET MARTINET, RUE JACOB, 30.

www.ingramcontent.com/pod-product-compliance
Lightning Source LLC
LaVergne TN
LVHW020411230826
846091LV00004B/1245
9782016191002